김은수

서울에서 태어나 초·중·고교를 마쳤다. 대학과 대학원을 미국에서 다녔다. 어릴 적부터 동물과 가까이 지냈다. 개에게 물린 적이 두 번 있는데 한 번은 술래잡기 와중에 개집에 들어가다 엉덩이를 물렸고, 또 한 번은 자고 있는 대니에게 뽀뽀하려다 코를 물렸다. 나의 부주의 때문이라 그들을 미워하지 않았다.

1989년 한화그룹에 입사하여 올해로 꼭 30년이 되었다. 이 가운데 미국에서 7년, 독일에서 8년가량을 근무했는데 한국과는 너무나도 다른 반려동물에 대한 의식과 환경을 마주하고 부러움을 느꼈다. 독일에서 근무하던 어느 겨울밤에 우연히 찾아든 고양이에게 한 끼 밥을 준 인연으로 고양이의 매력에 눈뜨게 되었다. 2014년 귀국 후, 비 오는 날 케이지에 담긴 채 버려져 아내가 구해 준 고양이 로빈과 유기동물보호소에서 만난 강아지 해피와 함께 더없이 행복한 나날을 보내고 있다. 비가 오나 눈이 오나 하루도 빠짐없이 아침저녁으로 해피와 함께 산책하고, 산책길에 만나 친해진 길고양이들도 사랑으로 보살피고 있다. 현재 ㈜한화갤러리아 대표이사로 재직하고 있다.

"이 책의 인세는 유기 동물 구조 및 생명 유지를 위해 쓰입니다."

이유 있는 생명

우리 곁의 모든 생명과 평화로운 공존을 꿈꾸다

이유 있는 생명

김은수 지음

새녘

| 프롤로그 |

미셸과의 인연으로 시작된
새로운 세상

어릴 적부터 강아지를 좋아했다. 부모님도 강아지를 좋아하셔서 폴과 대니를 키우셨다. 둘은 부자지간으로 폴은 아버지의 호위무사였고 대니는 어머니의 재롱둥이였다. 볼품없는 잡종견이었지만 혈통 따위 별로 중요시하지도 따지지도 않았다. 부모님께는 둘도 없이 사랑스럽고 훌륭한 동반자였기 때문이다.

함께 생활한 지 10여 년이 지난 1979년 무렵, 당시 새로운 트렌드로 자리 잡기 시작한 소위 아파트라는 곳으로 이사를 가게 되었다. 하지만 새 집으로 이사를 간다는 설렘에 앞서 우리 가족은 깊은 고민에 빠지지 않을 수 없었다.

공동생활을 하는 아파트의 특성상 폴과 대니를 데려갈 수 없었기 때문이다. 고민 끝에 부모님은 폴과 대니를 전원생활을 하는 지인에게 맡기기로 했다. 지금 생각하면 꼭 그런 선택을 했어야만 했나 하는 생각이 들기는 한다.

폴은 새로운 환경에 적응이 어려웠던지 얼마 지나지 않아 병으로 죽고, 대니는 야생동물에게 죽임을 당했다. 당시의 내게는 폴과 대니의 죽음이 그렇게 큰 슬픔으로 다가오지는 않았다. 부모님의 개들이라고 생각했기 때문인 것 같다. 그러나 하루도 빠짐없이 산책을 시켜 주었던 아버지와 언제나 품을 내주었던 어머니에게는 커다란 슬픔이었을 것이다.

나는 소위 캣대디다. 일종의 커밍아웃인데, 캣대디도 캣맘도 사회적 약자이기에 밝히려면 용기를 내야 하기 때문이다. 캣맘도 찾아보기 힘들지만 캣대디는 더 드문 것 같다. 난 동물보호단체에서 주관한 전문 활동가 프로그램을 정식으로 이수하기도 했다. 직장 여건상 제대로 활동을 못 하고 있지만 매일 반려견 해피와 산책을 하면서 동네 길고양이들 돌보는 일을 게을리하지 않고 있다.

이 모든 일의 시작은 독일에서 우연히 마주친 고양이 미셸과의 인연에서 비롯되었다. 그 이후로 전에는 상상하지 못했던 새로운 세상을 경험하고 있다.

미셸은 내게 한국의 반려동물들의 실상을 살펴볼 기회를 주었고, 귀국 후 입양한 유기견 해피는 동물복지에 대한 관심을 더욱 높여 주는 계기가 되었다. 어떤 땐 지나칠 정도로 높은 기준을 세우는 게 아닌지 자문하기도 하지만 환경과 생명 존중의 파고가 전 세계를 휘감고 있는 만큼 우리도 긍정적인 자세로 준비해야 할 때가 되었다. 더 나아가 우리나라의 환경과 생명의 가치 제고를 위해 실천하는 방법을 고민해 보려고 한다.

독일에서 살 때에 부러웠던 것이 몇 가지 있다. 쾌적한 환경, 수려한 자연경관 그리고 동물과 더불어 살 수 있는 주변 여건이다. 이에 더해 동물과 환경을 동일한 생명체로 바라보는 시선은 더욱 그렇다. 독일은 반려동물과 함께하는 데에 최고의 환경을 갖추고 있을 뿐만 아니라 태양광발전 같은 그린 에너지 선도국가로서 가치를 추구하는 데에도 최고이다. 독일의 시골 풍경이 언제나 아름답게 느껴졌는데 이는 반려동물을 배려하고 함께하는 생활의 여유가 은연중에 묻어나기 때문이 아닌가 싶다.

집 앞 언덕 모퉁이에 제법 큰 카페가 생겼다. 건물 한편에 발코니도 마련되어 있는 고급스러운 외양의 이 카페를 주말마다 반려견 해피와 함께 찾곤 했다. 해피와 함께 움직이다 보면 실내 입장은 엄두를 못 내기에 한여름 무더위에 햇볕을 피할 수 있다는 것만으로도 만족했다. 다행스럽게도 카페 여사장님이 강아지를 좋아하셔서 해피를 무척 예뻐해 주었다. 해피는 누구에게나 얼굴을 내밀어 쓰다듬게 해주는 보기 드물게 순한 녀석이다. 어느 날 사장님은 해피에게 실내 입장을 허용해 주었다. 마침내 해피와 내가 무더운 여름을 시원하게 보낼 수 있게 된 것이다. 해피와 함께 카페 안으로 입장하여 실내를 둘러보니 인테리어가 멋졌다. 앞으로 이곳이 나의 지나온 시간을 정리하는 훌륭한 공간이 되어 줄 것이다.

내 마음을 훔친 고양이 미셸이 불씨가 되었고, 이제는 모든 일상을 함께 호흡하는 강아지 해피가 불을 지핀 꼴이다.

이 불길이 반려동물에 대해 부정적이거나 편견을 갖고 있는 사람들과, 환경이 처해 있는 위기에 대해 인식이 부족한 사람들과의 장벽을 무너뜨릴 수 있으면 좋겠다. 나는 동물들과의 소소한 삶을 통해 삶의 관점을 정립하고, 살아가는 방법을 정리하고 있다.

열악한 환경에 방치되어 있던 한 마리 고양이의 삶에 조금이나마 도움이 되고자 시작했던 일이었지만, 이제는 반려동물에 대한 잘못된 선입견을 타파하고, 더 나아가 유기동물에 대한 의식 전환을 이끌어 대한민국이 진정한 선진국의 면모를 갖추는 데 도움이 되고 싶을 뿐이다.

13년 전 독일이라는 낯선 환경에 첫발을 내디뎌 새로운 삶을 함께 경험하며 항상 긍정적이고 훌륭한 동지로서 곁을 지켜 준 아내에게 고마운 마음을 전하고 싶다. 내게 소중한 해피를 보내 주신 용인동물보호협회 신윤숙 선생께도 감사를 전한다.

김은수

| 차례 |

프롤로그 미셸과의 인연으로 시작된 새로운 세상   5

1 독일에서 만난 친구

뜻밖의 손님   15
또 하나의 가족   21
정체가 정말 궁금해   29
너의 이름은 미셸   46
새로운 친구 둥크   58
유럽의 반려동물   64
독일의 동물보호소   69
독일이여, 안녕   78
미셸과의 재회   82

2 우리나라에서 만난 새 친구들

로빈과 벌인 침대 공방전   93
퐁퐁이를 위해 흘린 눈물   98
해피는 나의 운명   102
산책길에 만난 길고양이들   108
이웃과 마찰 없이 지내는 법   117
얼굴이 동글해서 동냥이   129
플레이보이 미셸과 그의 연인 백설이   134

묘생 역전 콩쥐맘	140
내게 뒤통수 맞은 베이지	143
바로 그날!	145
밥차 엄마의 수난	152
개 유감	156
매일 똥밭이다	164
반려동물 산책을 위한 준비물과 옷차림	171

3 반려동물을 위한 우리의 노력

숫자로 알아보는 반려동물의 현실	177
동물복지를 논하다 1	193
동물복지를 논하다 2	200
동물복지를 논하다 3	209
개 식용 문화에 반대합니다	213
반려동물 실태에 대한 소회	216
반려동물을 통해 성숙되는 나의 철학	221

에필로그 우리들이 꿈꾸는 소망, 반려동물들에게 주는 자유   227

이유 있는 생명

독일에서 만난 친구
michel

한 동물을 사랑하기 전까지
우리 영혼의 일부는
잠든 채로 있다.

– 아나톨 프랑스

뜻밖의 손님

2013년 초, 독일 프랑크푸르트 집으로 고양이 한 마리가 찾아왔다. 검은색과 흰색 무늬가 남자들이 파티에서 입는 연미복과 비슷해 턱시도라 불리는 종이다. 턱시도가 우리 집 근처를 서성거리기 시작한 것은 유난히도 추운 겨울날이었다. 마당 연못에서 물을 마시고 있던 턱시도를 맨 처음 발견한 사람은 아내였다. 추운 날 굶주린 듯 보이는 고양이라니, 아내의 측은지심이 발동할 수밖에.

모른 척할 수도 없고, 그렇다고 따로 먹을거리를 장만할 수도 없는 뭔가 좀 애매한 상황이었다. 아내는 저녁에 먹었던 미역국에 밥을 말아 테라스 창문 밖에다 내놓았다. 다음 날 아침에 보니 밥그릇이 깨끗하게 비어 있었다. 우리 집에 고양이가 찾아와 밥을 먹고 갔다는 게 너무 신기했다.

첫 번째 식사를 마치고 사라진 녀석이 다음 날에도 찾아오리라는 확신은 없었다. 그렇지만 우리는 즐거운 마음으로 고양이 밥을 준비하기로 했다. 추운 겨울날이었기에 아내가 생각해 낸 것은 언 몸을 덥힐 따끈한 곰탕이었다. 푹 끓인 고깃국이 전날의 미역국보다 훨씬 맛있을 거라 여겨졌다. 그러나 고양이는 헤집어 놓기만 했을 뿐 입도 대지 않아 밥그릇은 그대로였다.

고양이에 대해 아는 것이 거의 없었던 우리 부부는 인터넷 검색도 하고 주변 사람들에게 조언을 구하기도 했다. 하지만 그 어디에서도 고양이가 고깃국에 입도 대지 않은 명확한 이유를 알려주지 않았다. 다만 고양이에 대해 알아보는 과정에서 절대로 주면 안 되는 음식이 꽤 있다는 것을 알게 되었다.

대표적인 것이 바로 파와 양파인데 고양이의 적혈구

테라스 탁자 밑에서
  집 안을 지켜보고 있는
 이름 모를 녀석

를 파괴해 빈혈과 호흡곤란을 유발할 수 있다. 그리고 육류와 생선, 달걀은 살모넬라균이나 기생충 감염이 우려되고 혹시 섭취 중에 뼈가 입속이나 소화기관에 상처를 낼 수 있다.

다음은 나트륨으로, 과다한 나트륨 섭취가 사람한테 좋지 않듯이 고양이에게도 장기에 부담을 준다. 한 예로 고양이의 평균수명이 15~16년 정도인데, 길고양이의

누구인지 제대로
　　몰랐던 시절의 밤손님

경우 불과 2~3년밖에 안 된다. 길고양이가 살아가는 생활환경이 각종 질병에 노출될 확률이 높고, 무엇보다 위험한 것이 길거리나 쓰레기에서 찾아낸 음식물에 들어 있는 과다한 나트륨 때문이다.

고양이에 대해 아무것도 몰랐을 때 아내와 내가 제일 먼저 고양이 먹을거리로 생각했던 게 생선이었다. 옛 속담이며 노래 가사에 나오듯 고양이에겐 무조건 생선만 주면 되는 줄 알았다. 나중에 알게 된 일이지만 고양이에게는 생선보다 닭고기, 오리고기, 소고기와 같은 식단이 더 필수적이다. 특히 추운 계절에는 지방을 섭취하는 것이 매우 중요하다고 한다.

아내는 주변 사람들과 인터넷에서 얻은 정보를 동원하여 제대로 고양이 식단을 꾸리기로 했다. 우선 건식 사료와 습식 사료 캔, 고양이 전용 우유 등 다양한 물품을 구입했다. 테라스 한구석에 사료가 담긴 밥그릇을 놓아 주고 본격적으로 고양이의 관심을 끌어 보고자 했다.

드디어 고양이가 나타났다. 녀석은 '밥 좀 주세요' 하는 애처로운 눈빛이 아니라 '어서 밥을 내놓으시오' 하는 듯 당당하고 도도한 태도를 보였다.

나는 고양이라는 존재를 키워 본 적도 없고 그리 좋아하지도 않았다. 아내 역시 고양이에 대한 지식도 사랑도 별로 없었던 사람이다. 단지 배고픔에 힘들어하기에 먹을거리를 제공한 것은 우리가 동물을 좋아하기 때문이었다. 고양이는 영물이라는 소리 때문에 왠지 께름칙했었는데…… 뉘 집 자식인지 참으로 잘생겼다.

이렇게 한 마리 고양이가 불쑥 내 인생으로 뛰어들었다. 앞으로의 내 삶을 송두리째 뒤바꿔 놓을 이 숙명적인 만남. 그 존재의 정체를 밝혀 내기 위해 일 년 반 동안 집념을 불사르게 된 사건의 시작이었다.

또 하나의 가족

유럽의 겨울은 오후 4시쯤만 되면 벌써 어둑어둑해진다. 여름에 시작된 서머타임이 겨울이 되어야 해제되기 때문이다. 야행성인 고양이의 활동 시간도 추운 겨울을 나기 위해 그만큼 길어지기 마련이다. 턱시도가 우리 집을 방문하는 빈도가 점점 잦아졌다. 기왕에 안면을 텄으니 계속 신세 좀 지겠다는 속셈인 것 같았다.

강아지는 사람을 잘 따르고 애교도 부릴 줄 아는데 고양이란 녀석은 보면 볼수록 거만하고 도도하다. 그런데 그 거만하고 도도한 모습이 꽤 매력적인 거다. 마치 연

밥을 얻어먹더라도
늘 당당한 모습

애할 때 왠지 도도해 보이는 여자가 더 매력적으로 보이는 것처럼.

턱시도는 하루에도 몇 번씩 우리 집을 들락거렸다. 테라스 창문 밖에 다소곳이 앉아 '왔노라' 하고 신호를 보내면 아내는 얼른 준비해 두었던 먹을거리를 들고 나갔다. 녀석은 인기척이 나면 쏜살같이 10여 미터 떨어진 담 아래 나무들 사이로 도망쳤다. 그러고는 가만히 지켜보다가 아내가 집 안으로 들어가는 것을 확인한 후에야 밥그릇이 놓인 곳으로 다가왔다. 경계심이 이토록 강한 것을 보고 녀석의 사연이 궁금해지기 시작했다.

동물에게 고유의 특성이 형성되는 데에는 환경으로부터 많은 영향을 받는 것 같다. 그래서 사람을 보고 유난히 짖어 대거나 피해 다니는 강아지를 볼 때면 아마도 특별한 이유나 사연이 있는지도 모른다고 추측하곤 한다. 우리 가족은 지나칠 정도로 경계심이 강한 턱시도를 보며 그러한 추측과 함께 암컷이 분명하다고 생각했다. 도도한 행동이며 특히 식사를 마친 후에 이른바 고양이

세수를 하며 깔끔 떠는 모습이 더욱 확신을 갖게 했다.

 턱시도와의 만남은 점차 일상이 되어 갔다. 게다가 시간을 지키기라도 하듯 항상 정확한 시간에 찾아왔다. 계절이 봄을 향해 가면서 해도 점점 길어지고 있었다. 매일 5~6분씩 늘어나는 일조 시간만큼 고양이의 방문도 딱 그만큼씩 늦어졌다. 그러다 보니 조금 늦게 오는 날이면 우리 가족은 이런저런 걱정을 하게 되었다. 때로 몰골이 조금 지저분해져 나타난 날에는 무슨 일이 있었던 건지 마음이 쓰였다. 그러나 이런 우리의 기다림과 걱정 따위 아랑곳하지 않고 이 먹성 좋은 녀석은 하루도 빠짐없이 밥을 먹으러 왔다. 그러다 얼마 뒤부터는 일단 밥그릇을 비우고 어딘가를 쏘다니다가 서너 시간 후에 다시 찾아와 밥을 내놓으라 하는 거였다. 그러고는 또다시 밥알 하나 남기지 않고 밥그릇을 싹싹 비웠다. 특히 고양이 전용 우유를 주면 좋아서 광분하다시피 했다.

 이렇게 턱시도는 우리에게 또 하나의 가족으로 자리 잡았다. 뿐만 아니라 그즈음 입시를 앞두고 점점 대화가 없어지고 있던 아이들의 빈자리를 차지해 버린 것이다. 아내에게 있어 아이들-고양이-남편이었던 집안 서열에서 드디어 턱시도가 첫 번째로 등극했다.

아이들은 이만저만 불만이 아니었다. 추운 겨울임에도 턱시도는 초저녁부터 서너 시간 간격으로 새벽 1시나 2시까지도 계속 찾아왔고, 세 번까지도 챙겨 주는 날이 비일비재했기 때문이다. 아내의 모성애가 점점 더 고양이에게 기울고 있었다. 하지만 나 역시 속내에 숨긴 랭킹은 아내와 별반 다르지 않았다. 아이들보다 고양이가 더 우선순위가 된 지 오래였다. 그만큼 고양이란 동물은 매력 덩어리였다.

2층에 사는 집주인은 우리에겐 늘 관대한 편이었는데도 동물을 키우는 일만큼은 매우 완강했다. 아들이 어렸을 때 강아지에게 물려 큰 상처를 입은 적이 있다고 한다. 그에게 턱시도는 우리와 함께 지내는 고양이가 아니고 잠깐씩 들러 밥만 먹고 간다고 그간의 사정을 들려주며 이해를 구했다.

3개월이 지났다. 아내가 밥을 챙겨 주려고 나가면 10

유유자적 넘나들던 담 아래 길
여름이 되면
나뭇잎으로 덮여 추적이 불가능하다

미터 거리 담 아래에서 지켜보던 턱시도가 언젠가부터 5미터쯤 떨어진 나무 아래까지 와 있었다. 무려 3개월이 지났는데 고작 5미터를 좁혔을 뿐이라니! 그런데 이상하게도 녀석의 그런 행동이 밉기는커녕 오히려 도도하고 오만한 매력에 점점 더 빠져들고 있었다.

이렇게 하루하루 이어진 밥 공양이 어느덧 6개월째에 접어들었다. 계속된 헌신 덕분인지 턱시도와의 거리는 점점 좁혀지고 있었다. 담에서 나무로, 나무에서 테라스 계단 아래로 녀석은 계속 전진하여 이제는 밥그릇과의 거리를 2~3미터 정도 남겨 두고 있었다.

녀석에게 제공하는 식단은 양이나 질에 있어 갈수록 푸짐하고 고급스러워졌다. 우리 집 엥겔 지수 역시 어느 이름 모를 고양이로 인해 자꾸 높아져만 갔다. 아내는 마켓에 갈 때마다 가장 먼저 고양이 먹을거리부터 카트에 담곤 했다. 이런 정성 때문이었을까? 언제부터인지 녀석은 집 앞 문지방에 앉아 밥을 기다리고 있는 게 아닌가.

정체가 정말 궁금해

우리는 턱시도의 정체가 너무 궁금해지기 시작했다. 녀석에 대한 아무런 정보도 없고 알아낼 방법이 없는 가운데 이런저런 여러 가지 시도를 해보았다. 밥 먹으러 올 때마다 오가는 방향이 늘 같았기에 길목에 잠복했다가 따라가 보기도 했다.

숨바꼭질은 계속 이어졌지만 모든 시도는 허탕이 되고 말았다. 고양이란 녀석은 워낙 본능적으로 감각이 유별나 인기척을 기막히게 알아차려서 사람이 뒤쫓지 못할 곳으로만 다녔다. 매번 해가 떨어지기 무섭게 출근했다가 퇴근하는 녀석을 보면 분명 주인이 있는 것 같기도 했다. 우리 집을 매일 방문하는 이유는 단지 아내가 제공하는 최고급 코스 요리에 대한 탐닉 때문이 아닐까?

가족 간 대화의 중심에 늘 이름 모를 고양이가 자리했다. 턱시도가 우리 가족 삶의 중심에 들어온 순간부터 아내와도 눈에 띄게 대화가 늘어나기 시작했다. 때로 부부간에 냉전 상황이 발생하여 대화가 단절된 경우에도 "야옹이는 밥 먹었어?" 하고 물으면 언제 그랬냐는 듯이 대답을 하게 되어 상황이 종료되곤 했다.

인연의 끈이 9개월째 접어들었다. 녀석이 와야 할 시간인데 늦으면 기다렸다가 꼭 얼굴을 봐야 편히 잠들 수 있었다. 여행을 가게 되면 이웃집 아주머니에게 녀석의 저녁밥을 부탁하기도 했다. 이젠 제법 어엿한 가족 구성원이 된 것이다.

첫 만남 이후로 녀석과 함께 맞이한 두 번째 겨울이 지나가고 있었다. 테라스 한쪽에 자리한 제법 크고 아늑한 고양이 전용 식당은 아내의 작품이다. 아이들 양육에

자신의 전용 식당에서
아내와 담소 중인 미셸

관한 한 남편의 발언권이 맥을 못 추듯 녀석에 대해서도 마찬가지였다. 녀석은 밥을 챙겨 주는 아내의 손길만 허락할 뿐 내가 손을 내밀기라도 하면 얼른 줄행랑부터 쳤다. 암컷이라 남자를 경계하는 것인가?

길거리에 돌아다니는 고양이를 잡는 일은 매우 힘들어 혼자서는 불가능하다고 해도 과언이 아니다. 워낙 빠르고, 점프도 높이 뛰고, 몸 움직임도 유연하니 잡는 건 어림없다. 물론 귀국한 뒤에 포획 방법을 터득하긴 했지만 당시에는 고양이 밥상 차려 주는 일 외에는 아는 것이 별로 없었다.

어느새 녀석을 알게 된 지 일 년이 훌쩍 넘었다. 우리 가족의 마음을 홀딱 빼앗아 간 이 귀여운 녀석의 정체를 서둘러 밝혀야만 했다. 녀석과 헤어져야 할 시간이 다가오고 있었기 때문이다.

나를 제외하고 아내와 아이들은 2014년 6월 말에 귀국을 앞두고 있었다. 두 아들 중 미국에 있는 첫째는 당분간 한국에서 생활하기로 했고, 둘째는 여름에 고등학

고양이란 녀석은 워낙 본능적으로
감각이 유별나 인기척을 기막히게 알아차려서
사람이 뒤쫓지 못할 곳으로만 다녔다

집 안에 첫발을 디딘 새로운 가족.
하지만 비상시 언제든 탈출하려는 자세이다

아내가 마련해 준 담요 속에
자리 잡고 있는 영리한 녀석의 모습

교를 졸업하면 대학 입학을 위해 떠나야 했다. 게다가 나도 독일에서의 부임 기간이 오래되어 언제든 떠날 채비를 갖추고 있던 참이라 가족이 귀국하고 나면 혼자 지내기에 알맞은 크기의 거처로 옮길 예정이었다.

하지만 녀석을 남겨 두고 떠나야 하는 일은 우리 가족에게 슬픔이었다. 비록 이름도 모르고, 아직 제대로 마음을 열어 주지 않는 새침데기 고양이일지라도 우리에게 새로운 경험과 훈훈한 온정을 불어넣은 주인공이기 때문이다. 그래서 만약 주인을 찾게 되면 한국으로 데려갈 수 있게 선처를 부탁해 볼 생각이었다. 아니면 고양이가 밥 먹고 있을 때 낚아채어 강제로 데려갈까, 라는 터무니없는 계획까지 연구해 보았다.

집에서 키우는, 훈련이 되지 않은 고양이는 외부 생활에 익숙하지 않아 집 밖으로 나가면 길을 잃어버리는 경우가 많다고 한다. 반대로 길고양이를 실내에서 키우려고 하면 밖에서 지내던 습성 때문에 집 밖으로 나가려 든다.

독일에선 고양이들이 주로 실내에서 생활하지만 밖으

로 자유롭게 다닐 수 있도록 고양이 전용 문을 설치해 주기도 한다. 만약 이러한 문이 설치되어 있지 않을 경우에는 고양이가 주인에게 문을 열어 달라고 신호를 보낸다.

대체로 고양이는 강아지에 비해 키우기 어렵다고들 하는데 이는 행동을 교정하기가 쉽지 않기 때문이다. 강아지는 훈련을 통해 교정이 가능하지만 고양이는 훈련이 불가능할뿐더러 고양이를 위한 훈련소도 존재하지 않는다.

따라서 한국으로 고양이를 데려가 키우겠다는 발상은 매우 위험한 선택이란 걸 알게 되었다. 아울러 독일처럼 자연환경이 더없이 훌륭한 곳에서 살도록 하는 것이 바람직하다는 생각도 들었다. 결국 한국으로 데려가려던 계획은 접기로 했다. 그래서 더욱 주인을 꼭 찾고 싶었다.

고양이들이 다니는 길은 경로가 매우 흡사하다. 더욱이 영역 동물이기 때문에 누군가 자기 구역 내에 들어오지는 않는지 늘 경계를 늦추지 않는다. 낮에 낯선 고양이들이 우리 집 창가에서 서성일 때면 아내는 우리 고양이 전용 식당에 다른 녀석들이 몸을 비벼 영역 표시를 할까 싶어 걱정을 놓지 못했다. 그 낯선 고양이들이 모두 돌아가고 일몰 시간이 지나면 당당히 뒷담을 넘어 등장하는 녀석의 정체는 늘 궁금함 그 자체였다. 그동안 수차례 반복한 잠복과 미행을 통해 녀석이 활동하는 루트는 대충 파악했다.

우리 가족은 우선 구글(Google)에서 제공하는 위성사진을 참고하여 영역을 확정했다. 그다음 "Do you know me?(저를 아시나요?)"라는 전단지를 만들어 예상 후보지 여러 곳에 붙였다. 아내와 나는 시간이 날 때마다 발품을 팔아 일일이 가가호호 방문을 하고, 인근 동물병원을 찾아가 수소문하기도 했다. 혹시나 목에 정보가 입력된 칩이 내장되어 있을지 몰라 스캐너도 구입했다. 하지만 이런 모든 노력에도 불구하고 녀석에 관해서는 도통 아무것도 알아낼 수가 없었다. 전단지에 기대했던 효과는 실망스러웠다. 그러나 전단지를 읽고 감동한 이웃들이 보내온 격려 전화와 편지는 우리 가족에게 큰 힘이 되

큰아들이 디자인한 전단지

DO YOU KNOW ME ?

Dear Weisskirchen neighbors,

Hi, I am not the pet owner of this cat, but in the past year, this anonymous cat has been a good "friend" of me, visiting me every night. My family is actually returning to homeland in June, and I sincerely wish to find the owner of this beloved cat who has been very sweet and precious before leaving in June.
Your kind help to find the "home" of this cat will be the best present, after living in Weisskirchen for 7 years and go back to Korea. Please contact the following number if you have any idea! Thank you so much.

(Deutsch) xxx - xxx -xxx
(English) xxx - xxx -xxx

저를 아시나요?

친애하는 바이스키어셴(Weißkirchen) 주민 여러분,

안녕하세요. 저는 이 고양이의 주인은 아니지만 지난 몇 년간 이름 모를 이 고양이가 매일 밤 우리 집을 방문하여 좋은 '친구'가 되었답니다. 실은 저희 가족이 6월에 고국으로 돌아가야 해서 떠나기 전에 귀엽고 소중한, 사랑하는 이 고양이의 주인을 찾고 싶습니다.

이 고양이의 '집'을 찾는 일에 주민 여러분이 베풀어 주신 친절한 도움이 바이스키어셴에서 7년간을 지내고 한국으로 돌아가는 저희에게 최고의 선물이 될 것입니다. 어떤 정보라도 알고 계신다면 다음의 번호로 연락해 주시기 바랍니다. 감사합니다.

(Deutsch) xxx-xxx-xxx
(English) xxx-xxx-xxx

이유 있는 생명

었다.

긴 겨울밤 덕분에 고양이 얼굴을 더 자주 더 오래 볼 수 있었던 달콤한 시간도 종착점을 향하고 있었다. 봄기운이 완연해지자 새벽마다 고양이 발정 소리가 들려왔다. 우리 내외는 혹시 녀석이 선물로 새끼를 낳아 데려오는 게 아닌가? 하는 상상도 해보았다. "그래, 새끼나 한 마리 데려오렴." 즐거운 상상과 더불어 고양이 주인에 대한 수소문은 계속되었으나 더 이상의 진전은 없었다. 다른 방안을 강구해야 했다.

결국 지역신문에 'Wer kennt mich?(저를 아시나요?)'라는 제목으로 광고를 내기로 결정했다. 전단지 내용을 중심으로 광고를 게재했고, 이 일은 지역사회에 퍼져 나갔다. 여러 건의 제보가 있었다. 제보를 받을 때마다 뭐라고 표현하기 묘한 긴장의 연속이었다. 다른 고양이에 관한 제보였던 것으로 확인될 때마다 실망도 커져 갔다. 때로는 제보와 상관없는 격려 전화도 왔다. 그러나 기대와 달리 신문 광고는 허망하게도 아무런 소득이 없었다.

녀석과 헤어질 생각을 하니 시간이 더욱 빠르게 흘러

지역신문에 게재된 첫 번째 광고

가는 것 같아 매일 초조한 마음이었다. 녀석을 낚아채어 붙들 수도 있겠지만 자칫 경계심만 높일 것 같아 아내는 평상시처럼 조심스럽게 밥을 주었다. 아내의 심경은 날이 갈수록 복잡해져서 때로는 데려가야겠다고 생각했다가 때로는 그 선택이 옳지 못하다는 생각에 원점으로 돌아가는 일이 끝없이 반복되었다. 매일 녀석과의 대화를 시도했고 녀석은 아내에게 자기 몸을 내맡기는 식으로 화답했다.

가까워지기 시작하던
어느 이른 아침의 모습

첫 번째 신문 광고를 게재한 지 한 달 후 다시 한 번 광고를 내기로 했다. 일면식도 없는 사람이 자기 고양이를 찾을 경우 불쾌하거나 오해의 여지가 있을 수 있어 더욱 조심스러웠다. 문구도 다듬고, 제목은 'Unsere Kleiner Wunsch(우리의 작은 소망)'으로 결정했다. 녀석과의 인연에 감사하고, 앞으로도 계속 인연을 이어 가고 싶고, 우리에게 행복을 안겨 준 고양이의 주인에게 감사의 마음 또한 꼭 전달하고 싶다는 작은 소망을 담았다.

지역신문이라서 그랬는지 첫 번째 광고에 이어 두 번째 광고에도 관심을 표하는 이웃들이 많았다. 우리 가족의 노력에 대해 고맙다는 뜻을 전하는 사람도 있고, 고양이 밥은 꼭 챙길 테니 걱정하지 말고 잘 가라는 인사도 받았다. 특히 미국에 거주하는 집주인의 딸은 우리가 떠나더라도 자기 부모님이 녀석의 밥을 챙기도록 하겠다고 연락해 왔다.

주간 단위로 발행되는 지역신문에 실린 광고는 주말이 지났는데도 특별한 소식이 없었다. 고양이 한 마리를 추적하는 일이 이토록 힘들 줄은 짐작도 못 했다.

4월에 접어들면서 나뭇가지마다 파릇파릇 새잎이 돋아나고 꽃봉오리도 피어날 준비가 한창이었다. 5월 이후에는 녀석이 늘 지나다니는 길이 나뭇잎과 꽃으로 뒤덮여 보이지 않게 되었다. 시간은 무정하리만큼 빨리 흘러, 신문 광고 카피와는 다르게 '우리의 작은 소망'을 더는 이룰 수 없는 것같이 느껴졌다.

너의 이름은 미셸

5월의 어느 월요일 아침, 나는 평상시와 다름없이 사무실에서 업무를 보고 있었다. 노크 소리와 함께 다급하게 들어선 독일인 직원이 드디어 고양이 주인을 찾은 것 같다고 했다. 직원이 받아 적어 둔 연락처로 전화를 걸었다.

가슴이 뛰기 시작했다. 마치 잃어버린 아이의 양부모와 통화하는 것처럼 긴장감이 커져 갔다. 독일인 직원이 나를 대신하여 고양이의 특징과 습성에 대해 물어보았고, 모든 정보가 일치했다. 녀석의 주인이 틀림없다는 확신이 들었다. 녀석의 이름은 미셸(Michel), 나이는 여

덟 살 정도. 미셸이 여자 이름 같지만 독일에서는 남자 이름이다.

 수컷이었다니…… 전혀 예상치 못했던 상황이다. 그동안 보살펴 온 녀석이 연약한 여인네가 아니라 내 아내의 마음을 훔친 아저씨란 말인가? 뒤통수를 맞은 느낌이었다. 봄에 짝을 찾고자 울어 대던 이 고양이가 정녕 수컷이었단 말인가?

 고양이는 성별을 구별하기가 쉽지 않다. 강아지처럼 수컷의 생식기가 눈에 띄게 돌출되어 있지 않기 때문이다. 수컷 고양이는 발정기 때 암컷처럼 아이 울음소리 같은 것은 아니더라도 평소보다 울음이 많아지고 소리도 더 커진다고 한다. 한 연구 결과에 따르면, 고양이들은 무리를 이루고 살 경우 암컷끼리는 서로 도와주고 새끼도 대신 양육해 주면서 주로 집에 머무르는 대신, 수컷은 집 주변 영역을 계속 확대해 나가면서 자신의 루트를 개발하는 습성이 강하다고 한다. 이러한 사실들은 대략 알고는 있었지만 미셸이 해당될 것이라는 생각은 해본 적이 없었다.

미셸은 우리 집에서 약 2킬로미터쯤 떨어진 곳에 있는 도시농민의 집에서 태어났다. 독일 부임지인 프랑크푸르트는 대도시임에도 주변에 밀과 보리, 옥수수 등을 재배하는 농가가 꽤 많았다. 미셸 엄마의 이름은 남자 이름 같은 안토니오(Antonio)로 여러 번 출산한 경험이 있다고 했다. 그즈음엔 이웃집으로 거처를 옮겨 새끼들과 자유로이 집 안팎에서 지내고 있었다. 주인집에서는 새끼 고양이들 중 한 마리만 키우고 있었다.

이 소식을 전해 듣고 아내는 만감이 교차한다고 심경을 털어놓았다. 주인을 찾게 되어 걱정은 덜었지만 막상 주인이 있는 고양이라는 것을 확인하니 묘한 감정을 느끼게 되었나 보다. 낳은 정, 기른 정까지는 아니어도 나 역시 느낄 수 있었다. 이제 빨리 주인을 만나 봐야겠다.

미셸의 주인은 전형적인 농부이자 마을 유지인 비커트(Bickert) 가족으로 무척 순박해 보이는 60대 후반의 노부부다. 조그만 선물을 준비하여 찾아간 우리 내외를 따뜻하게 맞아 주었고 농장 이곳저곳을 구경시켜 주었다.

마침 미셸은 집에 없었지만 운 좋게도 창고에서 오랜만에 놀러 왔다는 미셸의 엄마 안토니오를 볼 수 있었다.

미셸은 독일의 보통 고양이와는 달리 보살핌과 사랑을 받지 못하는 것 같은 인상을 받았다. 미셸은 주택에 연결된 넓고 남루한 축사 겸 창고 이 층에서 지내고 있었다. 축사 한쪽에는 닭을 기르고 있었고, 염소가 뛰노는 공간도 있었다. 미셸이 밖으로 나돌기 시작한 가장 큰 이유는 몇 년 전에 입양한 강아지 두 마리 때문이라고 했다. 강아지들이 자라 체격이 상당히 커지면서 미셸을 공격하기 시작했다는 것이다.

가족들이 한국으로 떠날 시간이 불과 몇 주 앞으로 다가왔다. 그동안 미셸이 사용하던 밥그릇과 좋아하는 간식 그리고 우유를 잔뜩 사서 비커트 댁을 방문했다. 우리의 행동이 혹시 무례하지 않을까 걱정했지만 비커트 씨는 오히려 미셸의 가족사진을 액자로 만들어 우리에게 선물로 주었다. 그리고 비커트 부인은 우리에게 눈물을 보이기까지 했다. 그 눈물의 의미는 무관심하게 방치했던 녀석이 사랑받기 위해, 더 나은 음식을 얻기 위해 그 먼 길을 오갔던 일에 대한 미안함이 아니었을까.

마지막으로 또 한 번 지역신문에 광고를 게재하기로 결정했다. 이 광고는 지역 주민들이 많은 관심을 보여주었던 사안이어서 결과를 보고하는 것이 도리라고 생각했다. 아내의 의견을 따라 카피는 'Ich bin Michel(나는 미셸입니다)'로 정했다.

지역신문에 게재된 마지막 광고

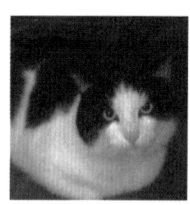

나는 미셸입니다

여러분의 진심 어린 도움으로 드디어 고양이의 주인을 찾았습니다. 매일 우리에게로 왔던 미셸의 걸음에 저희 가족은 아주 행복했습니다. 미셸에게 우리의 이별을 설명해 줄 수 없다는 것이 떠나는 저희 마음을 더 아프게 하네요. 친애하는 바이스키어셴 주민 여러분과 고양이를 사랑하는 분들!!! 저희가 이사한 후 미셸을 돌봐주시겠다고 도움의 손길을 주셔서 정말 감사드립니다. 여러분을 곧 다시 뵐 수 있기를 바라며, 혹시 이 아이를 만나게 되신다면 "미셸"이라고 불러주세요. 진심으로 감사드립니다.

패밀리 킴

가족들은 예정대로 6월 말에 귀국 비행기에 오르기로 했다. 미셸과의 작별을 준비해야 할 시간이 되었다. 불과 일 년 반이 조금 넘은 시간이었지만 미셸은 우리 마음속에 너무도 크게 자리했다. 특히 테라스 한쪽에 있는 전용 식당을 보고 있노라면 마음이 먹먹해졌다.

때론 아이들보다 더 소중한 존재였고 훌륭한 친구이기도 했다. 녀석의 이기적인 모습을 감상하는 것만으로도 내겐 큰 낙이었다. 미셸은 혜성과 같이 나타나 삶에 새로운 활력을 불어넣어 준 족보에 없는 자식과도 같았다. 도통 눈물을 보이는 법이 없는 아내였는데 하루가 멀다 하고 눈에 눈물이 그렁그렁 고여 있곤 했다. 오죽하면 아들 녀석들이 이제 제발 좀 그만하라고 했다.

가족들이 떠날 시간이 임박한 가운데 한 통의 이메일을 받았다. 매일 뒷집 담을 넘어오는 미셸에게 오가는 통로를 허락해 주었던 아이스너(Eissner) 가족으로부터 온 이메일이었다.

"당신 가족이 처한 상황을 충분히 이해하고 있습니다. 당신이 해 온 역할을 앞으로 저희 가족이 대신할까 합니다. 저희 집을 방문해 주시기 바랍니다. 함께 의논할 시간이 된 것 같습니다."

새로운 희망을 보는 순간이었다. 솔직히 미셸의 주인인 비커트 가족으로부터는 미셸이 더 나은 대우를 받을 수 있을 것 같지 않았기 때문이다.

아이스너 가족은 7년 동안 이웃해 살면서도 잘 알고 지내는 사이는 아니었다. 집 뒤편의 출입 도로가 달라 얼굴을 마주칠 기회가 없었다. 미셸이 늘 애용하는 통로가 바로 아이스너 가족의 집이었지만 그 집 구조는 잘 알지 못했다.

앞으로 미셸의 후견인이 되어 주실 아이스너 부부를 만나기 위해 불고기와 와인을 들고 찾아갔다. 오전인데도 아이스너 가족은 정원 테라스에 알코올이 함유된 스파클링 와인인 젝트(Sekt)와 다과를 준비해 두셨다. 정말로 신기했던 일은 이 집 바로 앞에서 미셸과 마주친 것이다. 새벽에 밥을 먹고 가면 밤이 되어야 오곤 했던 미셸이 웬일인지 그 근처에서 서성이고 있었다. 혹시 우리가 자기 때문에 만나고 있다는 것을 알고 있는 걸까.

독일을 떠나기 전 아이스너 부부에게
미셸을 부탁하고 한 컷

우리 부부에게 특별한 관심을 가져 주신 분은 아이스너 여사였다. 이들 노부부는 2년 전에 16년 넘게 기르던 강아지 모모를 잃었다고 했다. 검정색 퍼그 종으로 자식 이상으로 사랑한 존재였다고. 집에는 사진과 그림이 여럿 걸려 있었다.

아이스너 부부는 딸이 하나 있는데 아직 손주가 없었다. 아이스너 씨가 40여 년간 근무했던 회사는 공교롭게도 내가 다니는 회사와 경쟁 관계에 있는 글로벌 기업이기도 했다. 두 분 모두 영어를 유창하게 해서 대화를 편안하게 나눌 수 있었다. 초면이었지만 상당히 훌륭한 분들임을 느낄 수 있었다.

우리는 본격적으로 미셸에 대해 의논을 했다. 미셸이 새로운 장소를 지나치지 않고 밥을 먹게 하려면 식당을 어디에 차려 주어야 할지 고민했다. 매일 넘나들던 담 아래가 제일 유력한 후보지였지만 땅이 평평하지 않고 풀과 나무가 무성하여 걱정스러웠다. 그렇게 의논 끝에 새로운 집은 아내가 제공하기로 했다.

이후 훈훈한 분위기 속에서 음주가 이어졌다. 아이스너 씨가 마련한 첫 번째 젝트는 어느새 비워지고 새로운 병을 내왔다.

아이스너 부부는 우리 내외를 정식으로 저녁 식사에 초대했다. 딸 내외도 함께 참석할 것이라고 했다. 고양이와의 작은 인연이 전혀 모르던 사람과 이렇게 큰 연결 고리가 되어 줄 것이라고는 미처 상상을 못 했다. 우리는 초대에 감사를 표하고 집으로 발걸음을 돌렸다.

집에 돌아오자마자 미셸의 새로운 식당을 위한 재료를 주문하기 시작했다. 바닥은 방수 기능을 살려주는 대리석으로, 큰 플라스틱 박스는 밥집으로, 그리고 캐노피 역할을 하는 뚜껑을 설치해 비가 오든 눈이 오든 아늑하게 밥을 먹을 수 있도록 준비했다. 미셸은 야생성이 강해서 사람의 손길을 거부한다. 시간이 흐른 뒤에 아내의 손길은 허용했지만 내게는 이빨을 드러내며 무섭게 반응했다. 아이스너 부부가 미셸로 인해 새로운 활력을 찾기 시작한 것처럼 우리는 이들을 통해 안도감은 물론

인생의 훌륭한 조언자를 찾은 셈이다.

며칠 후에 아이스너 가족과 함께한 저녁 식사 자리는 세상이 좁다는 것을 증명하기에 충분했다. 아이스너 부부의 외동딸 크리스티네(Kristine)가 한국 자동차 회사의 마케팅 임원으로 재직하고 있다는 게 아닌가. 게다가 알고 보니 그녀의 상사는 바로 내가 잘 아는 선배였다. 인간관계라는 것이 고양이를 통해 새로이 형성되고 확장될 수 있음을 깨닫지 않을 수 없었다. 고양이가 맺어준 관계, 이런 관계도 존재하는구나.

아이스너 가족과 상의하여 만든 미셸의 새 식당.
담 경계선 구석에 새로 마련했다

"미셸, 너는 절대 불쌍하지 않아. 모두가 너를 사랑하고 있단다. 네 경계심까지도. 우리 모두가 너를 필요로 하고 있어. 잘 살아야 한다."

 미셸을 향한 나의 진심을 다한 목소리였다.

새로운 친구 둥크

2014년 6월 말, 아내와 아이들이 드디어 독일을 떠났다. 혼자 남게 된 나는 새로운 곳으로 이사를 했다.

이삿짐을 옮기기 위해 새로운 숙소에 갔을 때 유별난 고양이 한 마리가 내 앞에 모습을 나타냈다. 검정색 바탕에 흰색 무늬 고양이는 지나다니는 사람들을 무서워하기는커녕 유유자적 감상하고 있었다. 아마도 미셸처럼 집이 있는데도 밖에서 생활하는 것 같았다. 턱시도의 일종이긴 하나 거의 검정색으로 도배된 약간 바보 같아 보이는 것이 매력인 이 고양이를 둥크라 부르기로 했다.

독일에선 흑맥주를 둥켈(Dunkel)이라고 하는 데서 착안한 이름이다.

얼마 후 영리한 둥크는 아침마다 창가에 나타나 밥 달라며 울어 댔다. 저녁때가 되면 집 건너편 유치원 공원에 숨어있다 나를 맞이하곤 한다. 내 발자국 소리를 기막히게 알고 있어서 한두 걸음만 내디뎌도 뛰어오곤 했다. 인근에 강아지를 데리고 산책하는 사람들이 많아 둥크는 은신처에 몸을 숨긴 채 기다렸던 것이다.

세상의 모습은 바라보는 관점에 따라 천양지차인 것 같다. 내게는 고양이가 그랬다. 고양이를 별로 좋아하지 않던 내가 미셸이란 녀석을 통해 관심을 넘어 탐구를 하는 경지에 이르렀으니 말이다. 나는 생명체의 소중함에 대해 많은 것을 깨달았다. 버림받고 학대당하는 동물의 실상은 물론, 우리 의식 속에 자리 잡고 있는 개나 고양이에 대한 인식의 정도까지도 알 수 있게 되었다.

그리고 참으로 신기한 경험을 했다. 처음엔 도움이 필요해 보였던 미셸에게 우리가 손을 내밀었지만 결국 그러한 손길을 필요로 하는 존재는 미셸이 아니라 우리라는 것을 깨닫게 된 것이다. 미셸이 보이지 않으면 마음이 무거워졌고, 깨끗이 싹 비운 밥그릇을 보면 절로 미소 짓게 되었으며, 자기가 마치 주인인 듯 행세하는 모습이 귀엽기만 했다.

그렇게 미셸은 우리 가족에게 참으로 많은 것을 선사했다. 가장 큰 선물은 아이들이 다 자란 이후에 대화가 부족해지기 시작했던 우리 가족의 중심에서 이야깃거리를 만들어 주었고, 순수한 애정이 어떤 것인지를 느끼게 해주었다. 뿐만 아니라 독일을 떠날 즈음엔 많은 이웃들이 우리 곁으로 다가오게 해주었다.

가족들이 한국으로 떠난 지 3개월째에 접어들고 그 빈자리를 둥크가 대신 채워 주고 있다. 조금 모자란 듯 생긴 게 매력인 둥크는 아침 6시 반이면 벌써 애처로운 얼굴로 밥을 기다리고 있다. 둥크 밥을 준비하면서 문득 아내가 나를 위해 해주었던 일을 내가 고양이를 위해서 하고 있다는 것이 믿기지 않았다. 정작 나는 아침밥을 거르는 일이 다반사이면서도 누군가를 위해 식사를 준비하는 일은 즐거웠다. 분명 아내도 그랬을 것이다.

이웃이었던 아이스너 가족의 따뜻한 보살핌을 받고 있는 미셸 역시 매일 출근하고 있다고 한다. 달라진 것이 있다면 예전에 아내가 밥을 챙겨 줄 때는 하루에도 몇 차례씩 찾아왔지만, 아이스너 가족의 집에는 초저녁에 한 번만, 그것도 조용히 다녀간다고 했다.

주차장에서 마주친
나의 새로운 파트너 둥크,
　　사람을 별로 무서워하지 않는다

조금 못생긴 둥크.
하지만 밥은 귀신처럼 잘 찾아 먹는다.
배식 장소에서 한 컷

유럽의 반려동물

많은 한국 젊은이들이 유럽으로 여행을 떠난다. 유럽의 매력은 자연과 역사가 어우러진 풍경이다. 세계 1, 2차 대전으로 인해 철저하게 파괴되었던 도시들도 이제 거의 예전 모습으로 복구되었다. 유럽의 특별한 매력이라면 역사를 보존하고, 자연 그대로를 존중하며, 오랜 시간을 견디어 온 멋진 곳이 많다는 것이다. 평범함이 묻어나는 일상의 아름다운 풍경도 매우 인상적이다.

나는 거리 곳곳에서 발견할 수 있는 유럽의 문화유산도 중요하지만 시민들과 함께하는 반려동물의 삶을 한 번 눈여겨볼 것을 권한다. 유럽에서 내가 보았던 반려동물들의 모습은 행복 그 자체였다. 언젠가 한국에서 태어난 반려동물의 삶도 유럽만큼 개선되었으면 싶다.

프랑스 노르망디 지역에 약 2주 동안 출장을 가게 되었다. 비행기로 파리를 거쳐 생 라자르(St. Lazare) 역을 통해 가는 여정이었다. 이사 후에 만난 새로이 밥을 챙겨 주고 있던 못난 고양이 둥크 때문에 마음이 무거웠다. 생 라자르 역에 도착해 보니 여기저기에 여행객들과 함께 다니는 개들이 눈에 띄었다. 근처 식당에서는 주인과 함께 온 개가 테이블 아래에 엎드려 있지만 어느 누구도 얼굴을 찡그리지 않았다.

우리나라의 현실은 과연 어떨까 상상해 보았다. 털이 날린다, 냄새가 난다, 하며 불평하거나 무섭다며 소리를 지를지도 모른다. 오랜 시간에 걸쳐 자리 잡은 선입견을 뭐라 탓하겠는가. 그렇게 보아 왔고, 그렇게 배웠고, 그렇게 살아왔는데. 반려동물에 대한 의식은 프랑스가 독일보다 오히려 더 자유분방한 것같이 보였다. 길거리,

식당, 공원, 호텔, 기차 안은 물론이고 그 어디에서든 개들의 모습을 쉽게 찾아볼 수 있었다. 누구도 인상을 찌푸리거나 못마땅한 시선을 보내지 않았다. 일상 속에 녹아있는 평범한 모습일 뿐이다. 우리와는 많이 다른 모습이 부러울 따름이다.

미셸과의 인연은 내가 한국과 독일의 동물복지 제도에 대해 관심을 갖는 계기가 되어 주었다. 틈날 때마다 나는 인근의 동물보호소를 방문했다. 미국에서 애니멀 셸터(Animal Shelter)라 하는 곳으로 독일에서는 티어하임(Tierheim)이라 부른다. '티어(Tier)'는 동물이고, '하임(Heim)'은 집이란 뜻이다. 처음에 찾아간 보호소는 작지만 시설이 좋아서 사육장과 뛰어놀 수 있는 운동장도 구비되어 있었다.

프랑크푸르트 시의 인구는 70만 명 정도에 불과하다. 인근 지역의 인구를 다 합쳐야 100만 명이 넘을 정도인데 예상외로 '티어하임'이 상당히 많았다. 규모가 제법 큰 보호소도 10곳 이상이 있다고 했다. 이는 독일에도

프랑스에서는 언제 어디서든
개와 함께하는 모습을 쉽게 찾아볼 수 있다.
식당, 호텔, 철도역 등 가릴 곳이 없다

유기된 동물이 많다는 사실을 반증하는 것이다. 죽이지 않는 노-킬(No-Kill) 정책 때문에 구조적으로 시설의 수요가 많아질 수밖에 없을 것이다.

한 가지 특이했던 점은 남유럽과 동유럽에서도 개를 독일까지 데려와서 유기하기도 하는데 이런 경우에도 기꺼이 수용하고 있다. 동물보호소 대부분이 충분치는 않으나 경제적 지원을 주로 기업으로부터 받고 있으며, 일부는 지방 정부 예산에서 받고 있다.

서양에선 키우던 개와 고양이에게 유산을 상속하는 경우가 가끔 있어서 심심찮게 화제가 되곤 한다. 동물보호단체에 기부되는 금액은 모두 세금 공제 대상이다. 인생의 말년을 반려동물과 함께 지내게 되면 무뎌진 감성을 되찾을 수 있음은 물론 산책을 통해 체력도 유지할 수 있다. 더욱이 마음까지 든든해지는 동반자 역할도 한다. 물론 반려동물과 함께하는 삶은 경제적 비용을 치러야 하는 문제가 있긴 하지만 그러한 부담을 훨씬 상회하는 기쁨을 누릴 수 있음이다.

독일의 동물보호소

한국으로 돌아갈 날이 머지않은 상황이라 시간이 허용하는 대로 독일의 동물복지에 대한 지식과 경험을 얻고자 노력했다. 처음 방문했던 동물보호소는 다소 규모가 작아 만족스럽지 못했다.

새로 찾아간 보호소의 경우, 프랑크푸르트에서 가장 오래된 곳으로 시설도 가장 컸다. 1841년에 설립되었는데 개 150여 마리와 고양이 180여 마리, 그리고 상당수의 토끼와 새도 함께 수용하고 있었다. 프랑크푸르트 외곽에 또 다른 보호시설을 보유하고 있다는데 야생동물이나 농장에서 키우는 동물처럼 비교적 덩치가 큰 동물들을 수용한다고 한다. 무려 170여 년 전에 이런 동물보호소를 설립했다니 정말 믿기 어려웠다.

당시는 소위 철혈재상이라 불리며 통일 독일의 위업을 이룬 비스마르크가 정치적 야심을 한창 키우고 있을 때다. 철혈재상이라는 별명은 비스마르크가 프로이센 제국이 당면한 문제를 해결하기 위해서는 자유주의 이념에 근간한 언론이나 다수결 원칙이 아니라 오로지 쇠(鐵)와 피(血)에 의해서만 해결될 수 있다고 했던 연설에서 유래되었다.

독일은 통일제국을 완성하기 위해 1866년 오스트리아와의 전쟁에서 승리하는가 하면, 몇 년 후 동맹국이었던 프랑스와의 전쟁에서도 승리한다. 당시 프랑스 황제는 나폴레옹의 조카인 나폴레옹 3세로, 파리가 함락된 후 베르사유 궁전에서 있었던 항복 서명 사건은 아직까지도 최악의 치욕적인 프랑스 역사로 기록되고 있다.

그런데 이 대목에서 내가 하고 싶은 말은 바로 이러한 시대적 환경 속에서도 독일과 프랑스는 모두 동물보호소를 운영하고 있었다는 것이다. 시설의 특징은 오랜 역사만큼이나 노하우가 깃든 모습이었다. 고양이가 생활하는 공간은 크게 두 곳으로 나뉘어, 어리거나 접종이 필요한 고양이가 생활하는 곳과 성묘가 된 고양이가 생활하는 곳이 있다. 동물원처럼 울타리를 친 공간에는 고양이들이 삼삼오오 모여있거나 자신의 보금자리에 몸을 숨기기도 한다. 전문가의 판단에 따라 분류되어 방을 배정함으로써 사전에 문제를 예방할 수 있다.

방의 내부는 고양이들이 좋아하는 나무, 캣타워, 쿠션 등 다양한 것들로 꾸며져 있는데 그렇다고 방에만 머무는 것이 아니라 복도를 어슬렁거리며 자유로운 시간도 갖는다. 고양이 중에 일부는 실내와 실외를 오가며 생활하기도 한다. 자원봉사자로 일하는 할머니와 할아버지 두 분이 정성껏 고양이를 돌보고 있는 모습도 인상적이었다. 특히 할아버지는 쉬고 있는 고양이에게 계속 빗질을 해주고 있었다. 고양이들은 이미 익숙한 듯 할아버지의 손길을 즐기고 있고, 또 다른 고양이는 순서를 기다리는 것처럼 할아버지를 주시하고 있었다.

실외에서 생활하는 개들의 공간은 더욱 훌륭했다. 복

프랑크푸르트 동물보호협회 본관 건물 전경

도를 중심으로 양쪽으로 길게 늘어선 방은 적당한 크기의 외부 공간에 더해 잠을 잘 수 있는 실내 공간도 마련되어 있었다. 주로 중대형 견을 보호하고 있는 이곳의 수용 능력은 150마리 정도라고 하는데 그 비율이 소형 견보다 8 대 2 정도로 압도적으로 높았다.

 이곳 개들의 경우 한국과는 다른 상황에서 유기된다는 것을 알 수 있었다. 한국의 경우 번식을 목적으로 길러지다 구조되거나, 의도적으로 유기하는 것과 달리 독일에서는 더는 양육이 힘들다고 판단되면 주인이 직접

작은 동물들을 보호하는 보조 건물과 앞뒤와 양옆에도 보호시설이 있다

동물보호소로 데려와 맡긴다고 한다.

독일에서 개는 출생 직후 목 부위에 마이크로 칩을 심고, 예방접종을 시행한 다음 정식으로 관청에 등록해야 한다. 등록된 개에겐 종류에 따라 매 분기별 20~30유로 정도의 세금이 부과된다. 만일 마이크로 칩을 심지 않거나 관청에 등록하지 않으면 벌금을 물어야 한다. 그러나 고양이에 대해서는 세금을 부과하지 않는다. 만약 기르던 개에 대한 양육을 주인이 포기하면 보호시설에 데려가서 담당자와 인터뷰를 한다. 보호시설의 여유 공간 유

보호시설에는 새들과 토끼들을
치료·보호하는 공간이
별도로 마련되어 있다.

고양이들이 비교적 자유스럽게
드나들 수 있도록
바깥과 연결되어 있다

외부의 매우 넓은 공간에 마련된
중대형 견 보호시설

각방에 한 마리씩 수용되어 있고,
안쪽에는 방이 마련되어 있다

주인이 양육을 포기하여
보호시설에서 상담 대기 중인 중형 견

고양이 보호시설 탁자 위에서 자원봉사 할아버지가 해주는
빗질을 마친 고양이, 아래에는 또 다른 고양이가 기다리고 있다

무와 거주 지역이 보호소 입소를 결정하는 데 가장 중요하다고 한다.

독일 역시 정부의 지원은 충분치 못하다고 한다. 하지만 루프트한자(Lufthansa) 항공과 같은 대기업을 포함한 다수의 중견 기업들과 많은 개인들로부터 후원을 받고 있다. 동물보호소에는 관리사 10여 명과 의사 1명, 지원 인력 5명이 상주하고 있는데 적지 않은 보수를 받는다고 한다. 관계자 모두 자부심을 갖고 즐거운 마음으로 임하는 모습이 인상 깊었다.

개와 고양이를 입양 보내는 일도 동물보호소의 매우 중요한 업무 중 하나다. 성별과 중성화 여부, 크기에 따라 입양 비용이 각기 다르다고 한다. 개는 주로 200~250유로, 고양이는 100~200유로 정도의 금액을 받지만 새로 강아지를 구입하는 비용에 비해서는 낮은 가격이다. 웬만한 강아지를 입양하려면 500~1,000유로쯤 치러야 한다.

독일에선 동물보호소 외에도 반려동물에 관계된 특별한 상품과 시설을 찾아볼 수 있는데 반려동물을 위한 의료보험과 공동묘지가 그것이다. 의료보험의 경우 보험료가 비싸서 가입자는 적은 편이지만 이런 제도가 있다는 것만으로도 충분히 의미가 있다고 하겠다.

만약 우리나라에도 이런 보험이 있다면 어떨까 생각해 본 적이 있다. 아직 동물복지에 대한 전반적인 의식 수준이 선진국에 비해 뒤처져 있는 만큼 이러한 동물의료보험제도는 현재로서는 요원할 것 같다. 향후 출생 등록을 의무화하고 지방자치단체가 관리할 수 있도록 시스템을 갖춘다면, 사설 동물보호소가 자력으로 운영될 수 있고, 정부 유관 기관의 관심과 지원이 확대된다면 미래는 결코 어둡지 않을 것이다. 반려동물에 대한 진일보한 정책이 반드시 필요한 시점이다.

독일이여, 안녕

2014년 11월 드디어 본사로 발령이 났다. 8년 반 동안의 독일 생활에 마침표를 찍어야 할 시간이 된 것이다.

독일 생활은 힘든 점도 많았지만 너무 값진 경험이었다. 독일은 음악과 철학의 거장들이 남긴 흔적들로 가득해 곳곳이 많은 작품의 배경이 되기도 한다. 주 근무 지였던 프랑크푸르트는 괴테의 생가가 남아있어 괴테의 도시라 해도 과언이 아니다. 괴테의 명작《젊은 베르테르의 슬픔》의 배경이 된 베츨라(Wetzlar)는 프랑크푸르트에서 불과 40분 남짓한 거리에 위치하고 있다. 또

한 베토벤의 생가는 과거 서독의 수도였던 본(Bonn)에 위치하고 있어 라인 강변을 따라 2시간 정도면 갈 수 있다. 가는 도중에 잠시 들러서 독일 민요 '로렐라이 언덕'의 실제 경관을 둘러본다면 훌륭한 추억을 가슴에 담을 수 있을 것이다.

독일은 어디를 가든 수려한 자연과 조화를 이루는 도시가 산재해 있고, 사회적으로는 복지 제도가 잘 정비되어 있다. 독일인들의 철저한 원칙주의 덕택에 피해를 받지도 주지도 않았던 점, 검소한 삶을 지향하는 자세, 문화라는 테두리 안에서 생활할 수 있는 환경 등등 모두 만족스러웠다.

더욱이 내가 체류하던 2006년~2014년 시기의 독일은 경제적 부흥기이자 정치적 안정기가 장기간 지속되는 한편 EU의 리더 역할까지도 충실히 하고 있었다. 2005년에 취임한 앙겔라 메르켈 총리는 현재까지 역임을 거듭하며 영국의 대처 수상 이후 최장수 총리 중 한 사람으로 기록되고 있다.

개인적으로 얻은 것도 많다. 무엇보다도 생명과 환경

을 중시하는 독일을 이해하게 되었고, 이에 대한 가치관이 마음 깊이 형성되기 시작했다는 점이다. 도시 어디를 가든 쾌적하고 청결한, 자연과 인간의 삶이 잘 어우러진 도시환경은 부러움 그 자체였다. 경제적 실리보다 미래가치를 더 존중하고, 후세의 안전과 안정을 도모하며 대체에너지를 장려하고, 견고하게 뿌리내려 정착한 연금제도와 각종 복지정책 또한 좋은 예이다. 더욱이 반려동물이란 삶에서 빼놓을 수 없는 존재로서 삶의 질을 한층 더 가치 있게 만들어 주는 훌륭한 매개체라는 것도 마음 깊이 깨닫게 되었다.

독일을 떠난다는 것은 함께하던 이웃은 물론 고양이와의 이별을 의미했다. 독일 집에 2년 가까이 매일 찾아오던 미셸은 이웃집 아이스너 가족이 잘 챙겨 주고 있기에 아무 걱정이 없다. 가족들이 먼저 귀국한 탓에 혼자 4개월여 살던 집에서 돌보던 둥크는 이웃과 직원들에게 잘 돌보아 달라고 부탁했다.

특히 이웃들은 둥크에게 분명히 주인이 있을 터이니 걱정하지 말라고 했다. 얼마 되지 않아 둥크가 불과 100

여 미터 떨어진 인근 주택에 살고, 일반 출입문 하단에 설치된 작은 동물 전용 출입구를 통해 드나들고 있음을 알게 되었다. 그러고 보면 독일에서는 적어도 길고양이와 같은 삶을 사는 고양이가 드문 것 같았다. 주택가에서 볼 수 있는 고양이는 거의 모두가 나들이 나온 집고양이라 생각해도 무방하다.

로렐라이 언덕에서 바라본 라인강과 인근 마을 전경

미셸과의 재회

8년여의 독일 생활에 이별을 고해야 할 순간이 다가오고 있었다. 일반적인 주재 기간은 4년 정도이지만 나의 경우 주재 기간이 유난히 길었다. 직장 생활이라는 게 내가 원하는 대로 할 수 있는 것은 아니지만 좀 더 계속되길 바랐고, 이왕이면 귀국하여 더 좋은 기회를 얻고자 했다. 임원 인사가 매년 연말에 있는 만큼 왠지 올해는 내 인생의 변곡점이 되지 않을까 하는 예감이 들었다.

다행히 나의 기다림은 현실화되어 본사의 주요 보직으로 복귀하라는 소식을 접했다. 이제 오랫동안 정들었던 동료들과 타 기업 주재원, 함께 희로애락을 나누었던 많은 교민들, 이웃들은 물론이고 고양이와도 이별을 준비해야 할 시간이 되었다.

복귀 통지를 받은 후 한국에서 아내가 이삿짐 정리를 위해 독일 집으로 왔다. 단 며칠간의 일정이지만 아내는 미셸을 볼 수 있다는 기대감에 발걸음이 가벼웠단다. 또한 처음 보게 될 둥크도 궁금하다고 했다. 아내는 도착하자마자 옆에서 보기에 무리하는 거 아닌가 싶을 정도로 열심히 이삿짐 정리를 했다. 아내는 최대한 빨리 정리를 마치고 전에 살던 집의 주인 부부와 미셸을 돌봐주고 있는 아이스너 가족을 만나고 싶다고 했다. 독일에 온 이튿날, 아내는 전에 살던 집 주인인 베첼(Wetzel) 가족을 만나러 갔다.

독일의 겨울은 매섭게 추운 한국의 겨울과 달리 으슬으슬 한기가 느껴지고 을씨년스럽다. 스산하다는 표현이 어울린다고 할 수 있을까. 종종 흐린 날씨가 이어지고 겨울답지 않게 습기가 높은 날이 많다. 나지막한 산으로 둘러싸인 조그만 마을들은 헐벗은 나무 때문에 더

적막해 보인다. 겨울이면 해가 짧아져서 오후 4시만 넘어서도 날이 어두워지기 시작한다. 거리를 오가는 사람들의 청바지와 검정색 계통 파카 일색인 옷차림 때문인지 이곳의 겨울은 더 칙칙하게 느껴진다.

 베첼 부부는 우리 가족이 살았던 일 층을 멋지게 리모델링해서 지내고 있었다. 이 노부부를 우리 가족은 늘 마마, 파파로 불렀다. 인종은 물론 언어와 문화도 달랐지만 진정으로 가족과도 같았던 분들이다. 매년 여름이면 마당에서 함께 바비큐 파티도 즐기고, 생일 파티에도 초대해 주셨다. 우리 부부는 가끔 베첼 부부를 한국 식당에 모시고 가서 대접하곤 했다. 독일 사람에게 한국 음식은 매우 색다르고 매력적으로 느껴지는 것 같았다. 메인 요리가 나오기 전에 먼저 나오는 밑반찬을 세팅 즉시 비우는 것은 물론이고 - 아마도 서양 음식의 코스로 오해했을 수도 있지만 - 잡채와 불고기를 매우 흡족해하며 많이 드셨다.
 독일에서는 점심으로 따뜻하고 양이 많은 음식을 먹

독일에서 가족같이 지냈던 베첼 부부

는 반면 저녁은 차가운 음식으로 간단하게 먹는 것이 일반적이다. 그래서 베첼 부부는 늘 우리 가족의 요란한 저녁 식탁에 많은 관심을 보이곤 했다. 파파는 이른 아침부터 정원에 물을 주고, 때론 건축가답게 손수 건물을 돌보며 심지어 조경도 전문가만큼 잘 꾸미는 부지런함의 대명사다. 마마는 전형적인 독일 귀부인처럼 몸집이 크고 아름다우며 웃는 모습이 매력적인 호인이다. 마마는 틈만 나면 아내에게 무언가 건네주기를 좋아해서 언젠가는 자신이 소장하던 도자기와 그림을 선물하기도 했다. 나는 지금도 독일에 갈 기회가 생길 때마다 빠뜨리지 않고 이분들을 찾아뵙고 있다.

불과 몇 개월 만이지만 마마는 아내를 눈물로 맞아 주었다. 마마는 아내를 항상 딸처럼 챙겨 주었고 미국에 거주하는 자신의 딸과 연결해 주기도 하며 많은 관심을 기울여 주었다. 한 가지 아쉬운 점은 우리 부부는 독일어 실력이 부족했고, 마마는 영어를 못 한다는 것이다. 하지만 인간의 감정과 사랑은 언어를 초월하는 힘을 갖고 있어서 부족한 가운데 충분히 교감을 나눌 수 있었다.

 우리가 함께 지냈던 8년이란 세월 동안 친부모와 마찬가지로 집안의 대소사까지도 함께했다. 독일인과 한 지붕 아래서, 특히 집주인과 함께 산다는 것은 모두들 매우 힘들 거라고 조언했다. 그러나 우린 그렇지 않았다. 파파는 마치 선생님과 같은 존재였으며 마마는 엄마와 같은 존재였다. 두 분은 우리 부부와 마주칠 때마다 볼 키스로 맞아 주곤 했다. 아쉽지만 베첼 부부에 이별을 고했다. 언제 다시 뵐 수 있을지 모르는 상황이고, 파파는 심장 질환이 있어 더욱 아쉬움이 남는 이별이었다.

 우리 부부는 베첼 부부의 집과 이웃하고 있는 아이스너 부부의 집으로 발길을 돌렸다. 아내는 미셸을 만날 수 있을지 기대를 버리지 못한 것 같았다. 방문할 것을 미리 알려 두었던 터라 아이스너 부부는 대문에서부터 우리를 맞이했다. 날은 이미 어두워질 대로 어두워져 미셸이 찾아오는 밥집을 제대로 살펴볼 수 있을 만한 상황이 아니었다.

아이스너 씨는 우리가 방문할 때마다 내놓곤 하던 젝트를 권했다. 대화는 자연스럽게 아내가 듣고 싶어 하는 미셸의 이야기로 이어졌는데 젝트의 맛처럼 혼란스럽기만 했다. 새로운 밥집인 아이스너 씨 집으로 옮긴 지 고작 몇 개월이 흘렀을 뿐인데도 그동안 미셸이 적지 않게 결석했다는 걸 알게 되었기 때문이다. 어떤 때는 이웃에 사는 고양이들이 먼저 먹어 버리기도 하고, 어떤 때는 물그릇이나 밥그릇에 곤충이나 벌레가 들어있어 먹지 못한 적도 있다고 했다.

우리가 미셸과 함께했던 동안 미셸이 우리 집을 찾지 않은 날은 12월 31일 단 하루뿐이었다. 그날 밤은 사방에서 벌어진 새해맞이 불꽃놀이로 소음이 심했기 때문이었을 것이다.

미셸은 주로 늦은 시간에 찾아오곤 했는데 밥을 주는 집이 예전과 달리 구석진 곳에 있었기에 밥을 한 번만 제공했다고 한다. 더구나 밤늦게까지 훤히 불을 밝히고 있던 우리 집과 달리 아이스너 부부는 취침 시간이 이른 편이라 밥 먹으러 오기에 어려움이 있었던 것 같았다. 그렇다고 아이스너 부부가 관심을 덜 기울였거나 노력이 부족했던 것은 아니다. 잠자리에 들기 직전에 미셸의 밥을 준비해 주고 침실 창문으로 미셸이 와서 먹는지 살펴보았다고 했다. 아이스너 부부가 들려주는 이야기를 통해 미셸은 여전히 많은 사람으로부터 관심과 사랑을 받으며 건강하게 생활하고 있음을 확인할 수 있었다.

대화를 마치고 우리 부부는 다음 약속을 위해 이동하려고 자리에서 일어났다. 아이스너 댁을 떠나기 전에 미셸 선물로 가져간 사료를 놓고 가려고 미셸이 밥 먹으러 오는 곳으로 다가갔다. 그런데 이게 웬일인가! 미셸이 늘 넘어 다니던 담 아래에 웅크려 앉은 자세로 우리를 응시하고 있었다. 마치 우리가 나눈 이야기를 모두 듣고 있었던 것처럼. 평소였다면 저렇게 편히 앉아있을

리가 절대로 없고 진작 몸을 피했을 녀석이었다. 핸드폰에 장착된 라이트를 켜서 비추었는데도 미셸은 차분한 모습으로 응시했다. 그러면서 계속 애절한 소리를 냈다. 반갑고 보고팠다는 소리처럼 들렸다. 예전에 그렇게 오랫동안 보면서도 미셸의 목소리를 들어 볼 기회가 거의 없었던 우리 부부에게 그날은 정말로 특별한 날이었다.

"미셸, 잘 있었어? 잘 지내고 있지? 건강하지? 잘 먹고 있지?"

아내는 다정한 목소리로 미셸에게 끝없이 질문을 퍼부었다. 감격으로 차올랐던 아내의 목소리는 금세 울먹임과 눈물로 이어졌다. 이를 지켜보던 아이스너 부인이 아내의 어깨를 감싸 안으며 걱정하지 말라고 달래 주었다. 드라마 한 편이 펼쳐지는 순간이었다.

문득 누군가의 말이 생각난다. "인생, 별건가? 철들자 이별인데." 미셸, 너라는 존재를 통해 조금이나마 철들 수 있어서 다행이야.

"고맙다 미셸! 잘 있어라."

이제 진짜 이별의 순간이 다가온 것 같다.

이유 있는 생명
———

우리나라에서 만난 새 친구들
r o b i n
———

고양이는 신이 빚은

최고의 걸작이다.

- 레오나르도 다빈치

로빈과 벌인 침대 공방전

한국에 돌아온 후 첫인사를 나눈 새로운 가족이 있다. 나보다 5개월 먼저 귀국한 아내가 입양한 고양이 로빈이다. 내가 귀국하기 전까지 아내는 안방 침대에서 로빈과 함께 잤다. 그래서인지 나의 등장에 로빈은 아연실색했고, 더욱이 자기 자리라 여겼던 침대까지 빼앗기자 나를 미워하게 되었던 것 같다. 로빈은 옷장 위며 침대 아래를 전전하면서 제발 자리를 비켜 달라는 듯 계속 울어 댔다.

아내가 먼저 귀국한 지 일주일쯤 지나 이런 소식을 전해 왔다. 아파트 경비실 옆에 누군가 고양이 한 마리를 케이지에 담아 버려두었다고 했다. 케이지 안에는 "부부가 맞벌이를 하다 보니 제대로 돌봐줄 수 없어 더 좋은 곳으로 보내려 합니다."라는 메모가 있었다고 한다. 사실 여부를 떠나 하필이면 비 오는 날 한 생명을 유기하는 건 범죄행위와 마찬가지다. 케이지 위로 몰아치는 굵은 빗줄기는 고양이를 공포에 빠뜨리기에 충분했을 것이다.

아내는 버려진 이 고양이를 입양하기로 결심해 내게 동의를 구했고 나는 흔쾌히 승낙했다. 이름은 내가 지어 주기로 했다. 배트맨에 등장하는 주인공 동생 로빈과 비슷한 모습이 떠올라 로빈이라 했다. 로빈 또한 미셸과 비슷하게 생긴 턱시도 옷을 입은 아이였다.

아내는 로빈을 병원에 데려갔다. 성질이 매우 온순하다는 로빈은 네 살쯤 된 수놈이라고 한다. 남자들에 갇혀 사는 아내는 이번에도 또 사내아이라며 투덜거렸다. 로빈은 이름 모를 주인으로부터 버려진 후 5일 동안 극심한 공포 속에 먹지도 자지도 않고 계속 울기만 했단다. 아내는 입양을 포기하고 싶을 정도로 힘든 시간이었다고 했다. 울음소리를 듣는 사람도 힘들었을 테지만, 아무런 이유도 모르고 주인에게 버려진 로빈은 얼마나 힘들었을까?

로빈은 이제 가족들의 사랑 속에 잘 지내고 있다. 아내의 뒤만 졸졸 따라다니는 경호실장 역할에 더해, 두 아들의 다리를 가끔씩 물곤 하는 경찰서장도 맡고 있다.

집에 데려온 첫날
울다 지친 로빈,
미셸과 많이 닮았다

로빈은 우리 집에 온 처음에는 낯설고 무서운지 사람의 손길이 닿지 않는 옷장 위 구석에서만 잠을 청하곤 했다. 그렇게 높은 곳을 어찌 올라갔는지는 아직도 미스터리다.

불행하게도 로빈과 나의 관계는 아직껏 좀처럼 개선되지 않고 있다. 반려동물에 대해 오랫동안 상상해 왔던 모습과 정작 나를 대하는 로빈은 달라도 너무나 달랐다. 퇴근 후 집에 돌아오면 꼬리를 흔들며 반겨 줄 것이라는 기대는 번번이 실망으로 끝났다. 녀석은 관심은커녕 내가 머리를 한번 쓰다듬기라도 하면 짜증까지 냈다. 반면에 아내가 귀가할 때면 도착하기 2~3분 전부터 끙끙대면서 미리 현관으로 뛰어나간다. 아내에게 집중해 꽂혀있는 로빈의 오감은 정말 불가사의할 정도였다. 입양과 파양, 그리고 재입양을 통해 형성된 절박한 집착은 아닌지.

로빈은 이젠 완전히 적응을 마쳤는지 안방, 거실, 부엌, 아이들 방, 그리고 목욕탕까지 발길이 닿지 않는 곳이 없다. 이젠 우리 집이 아니라 로빈 집이라 푸념하는 큰아들의 표현도 재미있다. 로빈은 너무도 자연스럽게 우리 가족의 새로운 구성원으로 거듭난 것이다.

오랜만에 나를 물끄러미 바라보는
로빈이 너무 이쁘다.
누가 이런 아이를 버렸을까?

이유 있는 생명

퐁퐁이를 위해 흘린 눈물

귀국하면 반려동물을 키우겠다는 결심은 변함없었지만 로빈 때문에 상황이 녹록지 않았다. 강아지를 좋아하는 나로서는 내 작은 꿈을 꼭 실현하고 싶었다.

독일에서 지낼 때 집주인은 집에서 강아지를 키우는 것을 금지시켰다. 자신의 아들이 어릴 적에 친할아버지 댁에서 기르던 개에게 물려 장애를 갖고 살아간다고 했다. 그럼에도 나는 늘 이웃들이 개들과 함께 생활하는 모습이 부러웠다. 특히 맞은편 집에서 키우던 보더 콜리 세 마리는 선망의 대상이었다. 그 집 사람들은 아침저녁으로 빠뜨리지 않고 개들을 산책시켜 주었다. 그러면서 개들이 주변 환경을 충분히 만끽하게 해주었다. 주변에는 빵과 맥주의 원료가 되는 옥수수나 보리를 심어 놓은 밭이 펼쳐져 있었다.

그 밭들은 수확을 마치고 나면 개들이 뛰어놀기에 더없이 훌륭한 운동장이 되기도 했다. 무엇보다도 독일의 푸르른 자연이 한없이 부럽고, 그처럼 자연과 동물이 함께 어우러진 모습을 나도 한국에 돌아가서 꼭 펼칠 수 있기를 간절히 소망했다.

2015년 초, 경기도 용인시의 유기견 보호시설을 방문했다. 지방자치단체가 동물보호소를 직접 운영하는 곳은 상당히 드물다고 했다. 현재 전국에는 282곳의 동물보호소가 있는데 직영은 이 가운데 31곳에 불과하다. 나머지는 관할 지역 내 동물병원에 위탁 운영하며 이는 입찰과 심사를 통해 선정한다. 그러나 공간 부족으로 대체로 병원 한쪽이나 주변 공간을 빌려 유기된 동물을 수용하는데 환경이 열악하여 장기간 보호에는 어려움이 있다. 이런 연유로 공고 후 10일 이내에 주인을 찾지 못하거나 입양이 되지 않으면 안락사 대상이 된다.

귀국 전부터 인연을 맺었던 용인시 소재 보호소 역시 별반 다르지 않았다. 특히 창문도 없이 환풍기만 가동되는 밀폐된 공간에 유기견 60~70마리 정도가 수용되어 있었다. 눈앞에 너무 많은 강아지들을 한꺼번에 보게 되니 선뜻 선택할 엄두가 나지 않았다.

그러던 중에 당시 용인동물보호협회 설립자가 겨울철 독감 증세로 죽어 가는 강아지 몇 마리를 우리 동네 동물병원으로 데려왔다. 나는 아픈 강아지들이 완치되면 그중 한 마리를 입양하기로 했는데 바로 스피츠 믹스견 '퐁퐁이'였다. 퐁퐁이는 성질이 온순한 네다섯 살짜리 수컷으로 폐렴을 앓고 있었다. 나는 퐁퐁이 상태가 좀 나아지면 집으로 데려올 생각이었다.

아내는 로빈 때문에 여전히 강아지 입양에 반대하고 있어 살짝 의견 충돌이 있긴 했지만 내 의지가 심상치 않다고 판단했는지 결국 승낙해 주었다. 어렵사리 아내한테 허락도 받아냈는데 어쩐 일인지 퐁퐁이의 증세는 나아지는 것 같지 않았다.

그러던 어느 날 병원에 들렀는데 케이지 안에서 퐁퐁이가 무언가 갈구하는 눈빛으로 힘없이 나를 바라보고 있었다. 다음 날 동물병원 원장이 전화해서 퐁퐁이의 죽음을 알려주었다. 나는 연락을 받은 그 즉시 병원으로 달려가 냉장실에 보관된 퐁퐁이를 보았다. 눈물이 왈칵 쏟아졌다. 아직 함께 살아 본 적 없는 사연 모를 강아지였지만 그렇게 죽은 걸 보니 너무 서글펐다. 전날 왠지 퐁퐁이의 표정이 심상치 않아 마음에 걸렸는데도 그대로 발걸음을 돌렸던 일이 내내 가슴에 남았다. 그래도 자기의 죽음을 슬퍼해 준 사람이 있다면 퐁퐁이에게 조금이나마 위로가 되지 않을까.

해피는 나의 운명

해피는 지금 나와 함께 지내고 있는 강아지로 퐁퐁이처럼 폐렴 증세로 입원 중이었다. 보호소에서 명품 눈빛 호소로 더 많은 먹을거리를 얻어내던 먹성 좋은 녀석이었다. 원래 치료를 마치고 나면 다른 곳에 입양 보내기로 되어 있었는데 이 녀석이 나의 머릿속을 떠나지 않았다.

나는 순하고 시크한 매력에 먹성도 좋은 이 녀석 해피를 일생의 반려견으로 결정했다. 해피가 집 근처 병원에서 치료받는 동안 시간이 날 때마다 함께 산책을 하며 서로에게 익숙해지는 연습을 시작했다. 가끔은 집까지

순하고 시크한 매력에 먹성도 좋은
일생의 반려견 해피

산책하여 동네 지리며 분위기를 익힐 수 있게 했다. 한 번은 집에 데려가 터줏대감인 로빈과의 만남도 시도했는데 예상대로 로빈은 꽁무니를 빼고 달아났다. 해피는 집 안의 고요함이 싫지 않은 표정이었다. "그래, 조금만 더 기다려. 이제 한 가족이 될 테니까."

2015년 설 연휴를 맞으며 나는 해피를 적응시키기에 좋은 시간이라 판단했다. 평소에는 출근을 해야 하니 제대로 돌봐 줄 수가 없어 연휴를 해피를 위해 보내기로 한 것이다. 해피는 실내에서 배변 활동을 해본 적이 없어 스트레스를 많이 받고 있었을 것이다. 우선 해피가

미용 직후 한 컷
헌칠한 모습에
마음 설레는 친구들이 많다

혼자 있을 만한 공간을 여러 곳 확보해서 배변 판을 놓아 주었다. 역시 해피는 실내에서 지내던 녀석은 아닌 것 같았다. 배변 판을 사용하지 않으려 들뿐더러 가끔 수컷답게 벽에다 오줌을 뿌려 대기까지 했다.

나로서는 그럴 때마다 아내의 눈치를 살필 수밖에 없어서 목소리까지 작아지기 시작했다. 집안 분위기는 아빠-해피, 엄마-로빈으로 조가 나뉜 채 신경전이 벌어졌다. 해피가 집에 온 지 4년이 넘은 지금까지도 그 분위기는 여전히 이어지고 있다.

우리는 거실 사용 시간을 나누기로 했다. 해피는 밤 11시까지, 야행성인 로빈은 그 이후 시간을 독점한다. 기가 막힐 일은 해피가 퇴실하는 밤 11시가 되면, 로빈이 어떻게 알고 시간에 딱 맞춰 나타나 울어 대기 시작하는 것이다. 시계라고는 배꼽시계밖에 없을 터인데 거의 불가사의한 일이 아닐 수 없다.

해피의 입양으로 내게는 새 일거리가 생겼다. 해피의 배변 활동을 위해 산책을 하는 일이다. 이른 아침에 출근해야 하는 관계로 오전에는 새벽 5시에 일어나 40~50

분간, 저녁에는 1시간 정도 걸린다. 눈이 오나 비가 오나 추우나 더우나 하루도 빠짐없이 4년째 계속 이어 오고 있다.

 강아지들은 밥을 챙기는 사람보다 함께 산책하는 사람에게 더 큰 신뢰를 보낸다고 한다. 어떤 이들은 나를 보며 고생이 많겠다, 너무 헌신적이다, 라고 인사를 건네지만 내 생각은 다르다. 날로 탄탄해지는 허벅지 근육과 하루 스물네 시간을 아침 일찍부터 밤늦게까지 알뜰히 쓸 수 있으니 나로서는 더할 나위 없다. 그러나 이러한 희열은 둘째치고 해피로 인한 힐링은 그 무엇과도 바꿀 수 없는 가치이다.

 입양 당시 동물병원에서는 해피의 나이를 일곱 살로 추정했다. 하지만 나는 더 오랜 동반을 꿈꾸며 다섯 살쯤으로 생각하기로 했다. 해피의 등에 심어진 칩에는 입양 연도인 2015년에서 5년을 뺀 2010년과 해피를 처음 집으로 데려온 2월 17일을 생년월일로 등록했다. 이제는 어엿한 우리 가족의 일원이다.

해피와 함께하는 시간이
　　　　내게는 언제나 큰 행복이다

산책길에 만난 길고양이들

해피와 산책을 하다 보면 또 다른 만남이 이루어진다. 바로 길고양이들과의 조우다. 해피는 고양이들을 찾아내는 데 뛰어난 귀재다. 그동안 하수구, 풀숲, 지하실 등 다양한 곳에서 해피가 찾아내 구조와 치료 후 입양 보낸 새끼 고양이가 무려 7~8마리나 된다.

해피와의 산책은 하루도 거를 수 없는 나의 일과다. 해피를 위해서도 집안의 평화를 위해서라도 필연적인 선택이다. 산책 경로는 2킬로미터 정도이지만 해피가 워낙 마킹이 심하고 코를 거의 바닥에 대고 걷기 때문에 시간이 꽤 오래 걸리는 편이다. 수색견으로도 손색없을 만큼 후각이 발달된 해피는 유난히 새끼 고양이를 잘 찾아낸다.

독일 미셸과 싱크로율 90퍼센트를 넘는 고양이와의 만남은 우리 가족을 또 다른 삶으로 안내했다. 우리는 당장 한국 미셸이라 이름 지어 주고서 집사 역할을 자임했다. 그로부터 3년, 나의 행동에 전이된 아내는 이제 동네 길고양이들의 대모가 되었고 10여 곳의 밥집에서 30~40마리를 돌보고 있다.

흔히들 길고양이를 도둑고양이라고 하는데 야행성이라는 특성일 뿐 과연 무언가 훔쳐 달아났는지 알려진 바 없다. 고양이는 밥을 주면 쓰레기를 파헤치지 않을뿐더러 전염병을 퍼트리지도 않는다. 전염성이 있는 경우가 아주 없지는 않겠지만 아직 우리나라에 보고된 적은 없다.

주민들이 길고양이에게 가지는 가장 큰 불만이 바로 발정기 때 울음소리다. 나 역시 발정기 때 녀석들이 내는 아기 울음소리와 비슷한 소리를 싫어한다. 고양이는 일 년에 세 번가량 이런 시기를 거친다고 한다. 결국 중성화가 최상의 방법이라는 결론에 도달했다.

중성화가 완성된 우리 아파트 단지는 더 이상의 종 번식이 없다. 3대에 걸친 일곱 마리가 한 가족을 이루고 살아가는 무리가 있다. 원조 격인 할머니 고양이가 낳은 두 마리 가운데 한 마리가 새끼를 네 마리 낳았다. 그러나 한 가족이면서 가족이라 할 수 없는 게 제일 나이 든 할머니 고양이는 아이러니하게도 자기가 낳아 기른 고양이의 적이 된 모양이다. 언제부터인지 아파트 로비의 천장에서 나오지 못하고 밥 먹을 때만 지상으로 연결되는 곳을 통해 모습을 나타낸다. 다행히도 이 일곱 마리 고양이는 아내의 노력으로 무사히 중성화에 성공했다.

일단 중성화에는 성공하여 안심하고 있던 차에 일곱 마리 중 한 마리가 심각한 구내염을 앓고 있다는 것을 알게 되었다. 잇몸에 염증이 생기는 이 병의 증상은 사람들이 경험하는 치통보다도 훨씬 더 고통스럽다고 한다. 결국 아무것도 먹지 못한 채 극심한 고통 속에서 죽어 갈 수밖에 없다고 하니 상상조차 하기 싫다. 할머니

할머니 고양이는 로비 천장에 살고 있다.
식사 때에만 지붕 아래 틈새로 나와 서둘러 밥을
먹고 들어가는 일을 몇 년째 반복하고 있다

고양이 역시 구내염을 앓았지만 급식할 때마다 계속 약을 투여한 결과 지금은 많이 좋아졌다. 물론 아내의 지극정성도 한몫했던 게 사실이지만 이렇게 상태가 좋아지는 건 매우 드문 일이라고 한다. 고양이 스스로 사람에게 다가와야만 투약이 가능하기 때문이다.

구내염은 유전적 요소가 있는 것인지 이제는 할머니 고양이의 딸인 어미 고양이가 고통을 겪고 있다. 이처럼 길에서 살아남았다고 하더라도 삶 자체가 고통뿐인 경우도 다반사다. 새로 태어난 새끼 고양이들이 살아남아 거리를 활보할 확률은 20퍼센트도 되지 않는 것 같다. 그리고 혹시 살아간다 하더라도 수명이 2년을 넘기지 못하는 경우가 대부분이다. 이런 가운데 길거리에서 마주친 고양이들에게 돌을 던지고, 더러는 포획하여 건강원에 팔아먹는 파렴치한 사람들이 있다.

길고양이들을 중성화하는 방법도 이젠 제법 터득했다. 때가 되면 지역 구청에 신청하고 예산이 남아있는 동안 전문 구조자가 포획하여 시술 후 다시 제자리로 보내준다. 중성화를 하는 과정을 살펴보면 이 또한 애처

롭기 그지없다. 포획 틀을 설치하기 하루 이틀 전부터 밥집에 준비하는 사료 양을 줄이고, 포획 후 사진을 찍은 다음 구청과 계약된 동물병원으로 데려간다. 시술 후 방생 전에 보름 정도 약효가 지속되는 항생제를 투여하는데 거세를 당한다는 것은 암컷이든 수컷이든 고양이에게는 고통 그 자체일 것이다. 그나마 방생 전에 영양제를 주사하고, 피검사를 통해 질병 유무를 확인하여 치료를 해줄 수 있어 다행이다.

하지만 많은 고양이들이 같은 여건 아래 제자리에 돌아와도 살아갈 수 있는 방법을 잊는 경우가 종종 있다. 안타깝게도 거세를 당한 길고양이는 야생성이 반감되는 것은 불가피하여 그 영역에서 도태되기 일쑤지만 그래도 중성화시키는 편이 낫다. 반복되는 출산과 고양이들의 일시적인 수적 팽창은 더 큰 문제를 낳게 된다. 그 일대의 생태계가 변하면서 그 주변으로 연쇄반응이 일어날뿐더러 주민들이 싫어하는 발정기의 울음소리를 막을 수 있는 방법이 없다.

때론 지역의 예산이 조기 집행되어 고갈된 경우에 개

인이 비용을 지불하거나 직접 포획 틀을 설치하여 구조한다. 이렇게 행해진 중성화 수술이 우리 동네의 경우 지금까지 어림잡아 30~40건에 이른다. 하지만 시술 후 남기는 왼쪽 귀 상단의 표식을 마주칠 때면 안도감과 함께 안쓰러운 느낌이 교차한다.

알 수 없는 일은 길고양이의 대다수가 서서히 사라져서 결국엔 눈에 띄지 않는다는 것이다. 아마도 죽거나 서열 싸움에서 밀려 동네에서 쫓겨나기 때문인 듯하다. 밤에 산책할 때 가끔씩 보게 되는 길고양이들 간의 싸움은 정말로 처절하기 이를 데 없다. 대개는 밥집을 차지하기 위한 싸움이다. 하지만 이 또한 길고양이들 삶의 일부다. 안타깝지만 어쩔 수 없는 약육강식의 세계가 집 밖에서 다반사로 벌어지고 있다.

그런 가운데 서로 용인하며 밥집을 공유하는 경우도 많다. 출산한 어미가 새끼를 위해 헌신하는 모습은 글로 형용할 수 없을 만큼 감동적이다. 젖이 붙고 배가 축 늘어진 어미에게 밥을 비닐봉지에 담아 건네주면 어김없이 새끼들이 있는 곳으로 가져가 나눠 준다. 이렇게 어미가 정성 들여 키운 새끼들은 불과 6개월 정도 자라게 되면 발정을 하고 임신이 가능해진다. 따라서 중성화 작업을 꾸준히 2년 정도 해주어야 마땅한 결과를 얻을 수 있다.

생명을 다루는 모든 일들이 그러하듯 녹록지 않은 과정을 거쳐 중성화를 실현하기 위해서는 구역을 달리하여 밥집을 차려 주는 것이 필수다. 밥집이 있어야 길고양이들의 루트를 확보할 수 있고, 그로써 포획할 수 있는 여건도 마련된다.

많은 사람들이 길고양이 밥집에 대해 반감을 갖고 있지만 급식을 통해 행동을 일상화시킬 수 있고, 구조나 포획·처치와 같은 활동이 가능해진다. 그중 중성화는 제일 중요한 처치 활동이 아닌가 싶다. 우리 동네 고양이 밥집 10여 군데를 근거로 삼아 지난 3년간 중성화 수술을 했는데 제법 효과적이었다. 이웃 카페의 야외 공간, 마트 주차장 나무 사이, 빌라 계단 밑, 사무용 건물 펜스 옆 같은 곳에 밥집을 차려 길고양이들의 애틋한 삶을 성원해 주신 모든 분들이 고마울 따름이다. 특히 카페에 찾아온 손님들이 길고양이에게 어느 집 고양이냐고 묻는 광경을 볼 때면 왠지 마음이 뿌듯해진다. 그만큼 우리 동네 아이들은 기름지고 찰지다. 한국에 돌아올 때 마음먹었던 일을 조금씩 성취해 가고 있는 중이다.

늘 마음의 빚으로 남아있는 회색이.
입양 보낼 엄두가 나지 않아 그 손길을 잡아 주지 못했다.
곁을 떠난 지 일 년이 넘어가고 있다

이웃과 마찰 없이 지내는 법

해피와 산책하는 일로 하루 일과의 처음과 끝을 보내던 중에 시작한 길고양이 돌보는 일을 시간이 지나면서 점점 더 우선시하게 되었다. 길고양이들과 마주치는 횟수가 늘어 가면서 그들을 챙겨 주는 일이 오히려 제일 중요한 임무처럼 되어 버린 것이다. 쓰레기를 뒤지며 살아가는 고양이들이 의외로 많고, 이를 불쾌하게 생각하는 주민들은 구청에 끝없이 민원을 제기했다.

길고양이에게 제대로 먹을거리를 제공하면 쓰레기를 헤집을 일이 없을 테지만 해결책이 만만하지 않다. 길고양이를 돌보는 캣맘들은 마치 죄인처럼 밤에 몰래 급식을 하는데 혹여 남편이 알게 되어 반대라도 하면 이마저도 쉽지 않은 일이 되곤 한다.

하루에 두세 번 해피와 산책을 하다 보면 길고양이를 대할 기회가 많은데 강아지와 함께 산책하기에 시비를 걸어오는 사람이 그나마 적은 편이다. 시간이 지나면서 길에서 알게 된 녀석들이 한 마리, 두 마리 새끼도 낳고 새로운 친구들을 불러들이면서 이웃에 노출되는 상황이 발생하기도 한다. 그럴 경우 고양이를 싫어하는 사람에게 좋아해 달라고 일일이 설득할 수도 없는 노릇이어서 답답할 때가 많다.

우선 고양이가 주로 활동하는 곳이나 급식하는 곳 말고도 자주 출몰하는 곳에 거주하거나 근무하는 사람들과 알고 지내는 것이 중요하다. 이왕이면 생각을 같이하거나 비슷한 사람이어야 길고양이들을 제대로 보호해 줄 수 있다.

백설이라 불리는 길고양이는 빼어난 미모의 소유자이자 다산의 여왕이다. 백설이는 새끼를 낳을 때면 맞은편

빌라를 찾아가곤 했다. 그 백설이를 건물을 관리하는 아주머니가 관심을 갖고 돌봐 주었다. 독일의 미셸과 닮아 한국 미셸이라 이름 붙여 준 바람둥이 턱시도 고양이는 근처 카페 사장이 틈틈이 챙기고 있다. 틈만 나면 새끼를 낳아 밥집으로 데려오는 갈색 고양이는 마트 뒤의 주차장이 주 활동지인데 마트의 점장이 신경 쓰고 있다. 브라운색 훈남 낫토는 디자인 사무실 직원들이 뒤뜰에서 정성껏 돌봐 주다가 이사를 간 후로 나타나지 않고 있다.

얼굴이 동글해서 동냥이란 이름을 갖게 된 검정색 고양이는 유기견 행복이를 입양한 보호자가 돌보고 있다. 70대인 경비 대장 이 선생님은 건물 주인의 눈치를 보면서도 임신한 길고양이들을 챙기고 있다. 인근 아파트 경비인 김 선생님은 주민들의 불편해하는 시선에도 불구하고 길고양이들에게 마실 물을 공급하고 있다. 급식은 아파트 부녀회의 결정 때문에 더는 할 수 없다고 하니 너무 야박하다는 생각이 든다.

집 근처 카페의 젊은 사장 자매는 마당 한쪽에 급식

소를 마련해 주었을 뿐만 아니라 구조한 고양이 토미와 토토 자매를 포함해 세 마리를 입양했다. 우리 가족은 당장 그 카페의 단골이 되었다. 길고양이들을 위해 급식하는 동지를 만들기 위해 무단히 애쓰고 있는데 의외로 애정의 눈길로 봐 주는 사람도 많다는 사실을 깨닫는다. 때때로 마실 것, 먹을 것 그리고 선물 등을 전하면서 관계를 맺는다. 최근에는 같은 아파트에 사시는 80대 유명 연예인 할머니도 길고양이들 밥 챙겨 주는 일에서 희로애락을 찾는다며 열심히 활동하고 있다.

그 외에 한결같은 시선으로 바라보는 콩이 엄마, 호랑이 언니, 코점이 후견인, 먹칠이 할머니는 서로 잘 모르지만 마음 한편을 내줄 수 있는 따뜻한 이웃들이자 언제든지 달려와 서로를 밀고 당겨 줄 수 있는 고마운 사람들이다.

하지만 이처럼 고마운 분들이 있는 반면에 가끔 길고양이들을 위해 곳곳에 설치한 밥집 가운데 누군가 파손시켜 놓는 경우가 있다. 서너 번이긴 했지만 야속하기 이를 데 없다. 그럴 때면 어김없이 더 멋진 밥집을 만들

토미와 토토는 자매인데 구조 시점이
3개월 차이가 난다. 그럼에도 둘은
자매라는 걸 처음부터 알고 있었던 듯
무척 사이좋게 지낸다

어 주곤 한다. 급식은 한 끼를 제공하는 데 목적이 있는 것이 아니라 고양이에게 일정한 습관을 갖게 함으로써 다른 영역의 고양이가 침범하는 걸 제한하려는 의도를 가지고 있다. 밥을 주면 새끼 고양이가 양산되고, 쓰레기가 넘칠 것이라는 건 기우에 불과하다.

한번은 아파트 관리사무실로부터 연락을 받았다. 앞 동의 1층에 거주하고 있는 주민으로부터 마당 한쪽에 갓 태어난 새끼 네 마리와 어미 고양이가 있는데 이를 처리해 달라는 민원이 들어와 이를 상의하기 위해 연락한 것이다. 그 주민은 소방서나 구청에 민원을 제기하면 모든 일들이 해결될 것으로 생각했던 것 같다.

하지만 그 일은 그리 간단하지가 않다. 대한민국 소방서와 119는 그보다는 더 위중한 일을 위해 필요한 조직이기 때문이다. 나는 관리소장에게 내가 직접 찾아뵙겠노라 하고, 그 집을 방문하기에 이르렀다. 나는 세계를 무대로 장사를 했던 상사맨 출신이기에 무엇보다도 상대방을 설득하는 일에 일가견이 있다고 자부하는 사람이다. 그럼에도 초인종을 누를 때 두려움과 긴장감을 느겼던 게 사실이다.

 60대 아주머니가 문을 열고 내 모습을 살피더니 집 안으로 친절히 안내해 주었다. 우리는 이 집의 문제점에 대해 상담을 시작했다. 말은 주로 아주머니가 하고 옆에 있는 아저씨는 아내의 말이 못마땅한 듯 내게 우호적인 눈빛을 보냈다. 아주머니는 어미 고양이가 마당 한쪽에 있는 박스에다 새끼 네 마리를 낳아 놓은 것을 알고 애틋한 마음에 밥을 챙겨 주며 마음 편히 젖을 먹일 수 있도록 했다고 한다. 그러나 어미 고양이는 고마워하기는커녕 오히려 아주머니가 다가가면 매우 예민하게 반응하면서 공격성을 보였다. 아주머니는 자신이 베푼 호의에도 불구하고 계속 괘씸한 소행을 겪게 되자 집 밖으로 퇴출하기로 결정했던 거다.

 나는 아주머니께 새끼를 낳은 어미 고양이를 전부터 돌보고 있었는데 지금 예민하고 공격적인 것은 수유 중이어서 그런 것이니 이해해 달라고 부탁했다. 아울러 어미 고양이에게 얼마 전에 중성화 수술을 해주려 했는데 만삭이어서 일단 보류한 것이니 몇 주만 더 참아 달라

아파트 단지 내 논란의 중심에 섰던 네 마리 새끼 중에 세 마리

고 했다.

　새로이 태어난 새끼 고양이들이 좀 더 자란 후에 시술을 해준다면 오랜 시간에 걸쳐 시행해 온 중성화 작업이 우리 단지 내에서는 완성되는 것이다. 개체 수 조절을 위해서는 중성화가 필수이며 중성화를 완성하기 위해서는 꾸준한 급식도 꼭 필요한 과정이다. 항상 일정하게 찾아올 수 있는 밥집이 있어야만 포획이 가능하고 그래야만 시술이 가능하기 때문이다. 이렇듯 나의 진심 어린 설득이 전달되었는지 아주머니께서는 다행히 이해해 주었다.

　아주머니는 내게 주의 사항도 재차 물으며, 이 어미 고양이가 중성화 수술을 받고 돌아올 때까지 새끼들을 돌봐 주시겠다고 했다. 바로 이 새끼 고양이들이 우리 단지에 정착하고 있는 현재의 일곱 마리 중 네 마리이고, 어미 고양이는 요즘 구내염 때문에 비참한 삶을 이어 가고 있는 스타킹 주니어다. 아주머니와의 대화가 부드럽게 잘 마무리되어 갈 즈음 옆에서 경청하고 있던 남편분이 참 훌륭한 일을 한다며 칭찬을 해주었다. 훌륭한 일까지는 아니더라도 생명에 관한 일이기에 매우 중요한 일이라고 나는 생각한다.

나는 동네 사람들을 사귀고 알고 지내는 것 이외에 또 할 수 있는 일이 무엇일까 고민해 보았다. 그래서 동물보호단체에서 주관하는 전문 활동가 교육을 이수하기로 결정했다. 10주간 매주 토요일에 4시간씩 총 40시간의 수업을 받고, 이론과 토론 그리고 실외 활동을 하는 프로그램으로 구성되어 있다. 교육에 참여하는 사람은 여성의 비중이 훨씬 높았다. 나로서는 토요일에 시간을 내는 것이라 결심이 필요했다. 하지만 교육을 받는 동안 젊은 친구들과 함께 호흡하며 시간을 보내다 보니 오히려 얻는 것이 많았다. 젊은이들의 관심과 열정 그리고 적극적인 토론 자세 등이 예전 우리 세대와는 사뭇 다르다는 것을 느꼈다.

교육을 이수한 후에 자격증을 부여하는 것은 아니지만 전문 활동가의 명함을 갖고 해당 동물보호단체의 일원으로 활동한다. 수강한 내용의 범위는 반려동물뿐만 아니라 가축, 조류 관련 법이라든가 사회적 이슈에 이르기까지 다양하다. 이수하던 날, 주제 발표자의 한 사람으로서 젊은 친구들에게 다양한 경험을 토대로 발표를 준비했던 일은 지금도 흐뭇한 기억으로 남아있다.

길거리 생명의 시작과 끝을 내 손으로 주관한다는 것은 가정에서 처자를 부양하는 것과는 또 다른 일이다. 반려동물은 길들여지고, 버려지고, 살고, 죽는 일에 있어서도 인간에 의해 결정되는 경우가 대부분이다. 반려동물을 학대하는 일이든 식용으로 삼는 일이든 과연 그러한 행위가 인간이 행할 바인지 묻고 싶다. 쉬운 해답인데 너무 어렵게 느껴진다.

고양이는 사람을 먼저 공격하지 않는다. 그런 경우가 있다면 분명 사람들의 의도가 고양이에게 다르게 읽혀졌기 때문일 것이다. 고양이는 여러 관점에서 인간에게 많은 오해를 사고 있다. '도둑고양이'에 대한 사전적 해석은 "사람이 기르거나 돌보지 않는 고양이"를 말한다. 요즘은 흔히 길고양이라고 불리고 있다. 아무것도 훔친 적 없는 고양이에게 도둑고양이라 하고, 영물이라 칭하기도 하는데 동물의 일반적인 특성을 지니고 있을 뿐이다. 다만 도도하고 시크한 매력과 뛰어난 오감으로 사람의 마음을 훔치고 현혹시켜 사랑을 받는 커다란 특성이 본래의 모습이다.

강아지는 유기되면 포획할 방법이 있고, 입양을 주선하는 기구와 단체가 있지만 고양이는 길에 유기될 경우 살아남을 확률이 매우 낮다. 키우던 고양이를 버리는 일은 그만큼 잔인하고 치명적이다. 스스로 살아갈 능력도, 포획될 가능성도 없다. 성묘의 경우 구조되더라도 입양될 가능성이 거의 없다. 사람들은 묻는다. 고양이에게 왜 밥을 왜 주나? 그러면서 덧붙인다. 많은 사람들이 싫어하는 일이라고 말이다.

그러나 나는 확신한다. 적극적이지는 않더라도 시대의 변화처럼 길고양이에 대한 시선도 호의적으로 바뀌어 가고 있다. 지난 몇 년 동안 거리의 고양이들에게 밥을 주면서 많은 사람들로부터 응원도 받고 비난을 들은 적도 있지만 의외로 몰래 급식을 하는 사람들이 많다는 것도 알게 되었다.

얼굴이 동글해서 동냥이

이웃 동네 고참 길고양이 네로의 원래 이름은 동냥이었다. 얼굴이 동그란 고양이란 의미다. 동냥이가 이름을 바꾸게 된 사연은 이러하다. 심각한 구내염으로 고통받고 있던 동냥이를 구조하여 병원에 데려갔을 때였다.

"아이 이름이 뭔가요?" 간호사의 질문에 차마 동냥이라고 말하기가 왠지 민망했다. 길거리에서 동냥하는 그 동냥으로 생각할 수 있기 때문이다. 짧은 고민 끝에 순간적으로 "네로요, 검은 고양이 네로. 로마 시대 황제 네로."라고 둘러댔다. 그렇게 동냥이는 네로가 되었다.

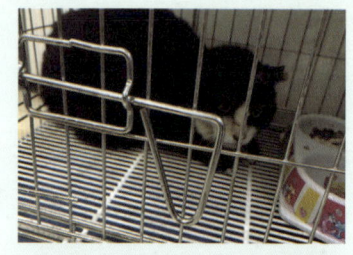

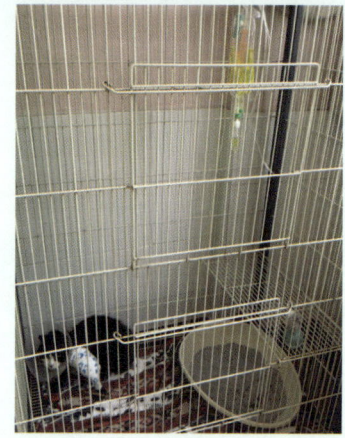

먼 길 잘 떠나라.

그동안 피곤한 삶을 살았으니
이젠 편히 쉬어

그날 네로는 결국 이빨 대부분을 빼고도 2주 이상 구내염 치료를 받아야 한다는 진단을 받았다. 길거리를 자유롭게 쏘다니던 길고양이로서는 아무리 치료 때문이라고 해도 동물병원에서 오래 지내는 일은 매우 힘들었을 것이다. 치료가 잘 마무리되어 네로를 구조했던 자리에 다시 방생했다.

"남은 생을 잘 살아라. 이빨 대신 잇몸으로도 잘 먹을 수 있다니 너무 스트레스 받지 말고."

그로부터 2주 뒤에 네로를 돌보는 보호자로부터 연락이 왔다. 네로가 새벽에 다른 고양이에게 공격당한 상태에서 교통사고까지 일어나 다리가 부러진 것 같다고 했다. 원래 자신의 영역인데 이빨이 없다 보니 예전의 위엄을 잃었던 모양이다. 영역 동물인 고양이들은 살아남기 위해 우리가 생각하는 것보다 훨씬 더 처절한 싸움에 놓이게 된다. '이빨 빠진 네로, 너의 시대는 끝났나 보구나.'

일단 네로를 찾는 작업을 시작했다. 길고양이를 찾아내는 일은 쉽지 않다. 네로는 우리 집에서 비교적 먼 곳에서 지내기에 해피와 산책하는 코스에 들어있지 않았다. 하지만 길고양이는 급식 장소를 제일 중시하므로 급식을 주던 곳 바로 옆에 또 다른 상자를 놓아 두었다. 일종의 대피소 역할을 할 수 있도록 고안해 낸 상자였다. 정확히 일주일 후 네로는 그 상자 안에 있었다. 난 상자를 들고 그대로 병원으로 향했다.

  네로는 머리에 큰 상처를 입었고 왼쪽 앞다리는 복합 골절이라고 했다. 핀으로 고정하는 수술을 했는데 핀을 제거하는 시점까지 6주가 걸렸다. 네로는 그때도 잘 견뎌 주었다. 이빨 빠진 고양이, 게다가 다리도 부실한 네로를 또 같은 곳에 방생하는 것은 일종의 유기 행위일 것이다. 고민 끝에 평소 알고 지내던 동물보호단체에 연락했다. 그간의 사연을 알리며 부탁하니 다행히 수용 공간이 있다며 네로를 받아 주기로 했다. 행운이었다.

  가끔씩 네로 소식을 접했다. 좁은 케이지 안에서 꼼짝 않고 누워만 있단다. 곡기를 끊은 지도 꽤 오래되었다고 한다. 비록 길거리일지라도 자유를 만끽하던 곳이 그리울 테지. 하지만 내가 해줄 수 있는 게 더는 없었다. 네로는 세상과 단절하기로 마음먹고 떠날 준비를 하고 있었던 걸까? 2016년 8월 연휴의 첫날, 네로가 위독하다는 소식을 접했다. 입소한 지 불과 한 달 만의 일이다. 신부전증이라 시간이 며칠밖에 남지 않은 것 같다고 했다.

네로는 떠났다. "네 생애가 결국 네로 황제 같지는 않은가 보구나. 새로운 팔자로 거듭날 기회도 있었는데 그렇게 되지 않았네. 팔자라는 걸 바꾸기가 그렇게 힘든 건가? 먼 길 잘 떠나라. 저승에선 아프지 말고. 그동안 너무 피곤한 삶을 살았으니 이젠 편히 쉬어."

플레이보이 미셸과 그의 연인 백설이

천하의 플레이보이 미셸은 2014년 아내가 독일에서 귀국 후 제일 처음 만난 길고양이다. 검은색과 하얀색이 잘 조화를 이룬 역시 턱시도 좋이다. 독일에서 돌보던 미셸과 모습이 거의 유사하여 이름도 그대로 부르기로 했다. 싱크로율 90퍼센트 정도? 한국 미셸이 눈에 띄었던 이유도 독일 미셸과 상당히 유사했기 때문일 것이다.

미셸은 미남이면서 늘 당당하고 행동반경도 상당히 넓은 편이다. 가끔 볼 때마다 항상 여유 넘치는 태도가 인상적이었다. 사람과 마주치게 되어도 동요한다거나 도망가지 않는 특별한 아이였다. 하지만 발정기 때만 되면 온 사방을 휘젓고 다니면서 적극적으로 사냥에 나섰다. 이른바 동네의 맹주답게 주변의 암컷이 새끼를 낳게 되면 유독 미셸을 닮은 새끼 고양이들이 많았다. 미셸의 연인으로 추정되는 암컷들이 여럿 있었는데 그중 가장 아름다운 자태를 뽐내는 삼색이 백설이는 매년 2회씩 새끼를 낳곤 했다.

암컷 고양이들은 새끼를 한 번에 네다섯 마리를 낳는 것이 기본이다. 그렇지만 매년 2회 이상 출산한다면 건강에 좋을 리도 없고, 새끼들이 살아남을 확률도 희박하다. 길고양이의 출산은 어미와 새끼 모두에게 좋지 않다는 결론에 도달하게 된다. 그러나 누군가 꾸준한 뒷바라지를 해준다면 20~30퍼센트 정도는 살릴 수 있을 것이란 생각이 들었다. 물론 나 개인의 경험으로는 어미의 수유만을 통해 살아가는 경우라면 오히려 확률은 더 내려가는 것 같다. 물론 TNR(Trap-Neuter-Return: 포획-중성화-방생을 의미)을 실행하고 돌아와 야생성 감소로 같은 지역 내 고양이에게 쫓겨나는 경우도 목격했지만 TNR은 이웃과 문제가 발생했을 때 활동가들의 명분이 되어 주기도 한다.

아내와 나는 백설이를 포획하여 TNR을 해주는 것이 좋겠다고 결론지었다. 백설이는 TNR의 가장 모범적인 사례인데 다산의 여왕은 중성화 이후 2년여 동안 무탈하게 잘 살고 있다. 심지어 자신의 주 활동 지역인 동네 카페에 방문하는 손님들이 집냥이로 착각해 인스타그램에 사진을 게재할 만큼 인기 최고다. 백설이의 중성화로 짝 하나를 잃게 된 미셸은 다른 파트너를 찾아 이웃 지역을 돌아다니곤 했다.

미셸에 대한 아내의 사랑은 매우 각별했다. 독일에서 돌보았던 미셸과 헤어지고 귀국 후 마주친 첫 번째 고양이였고, 무더운 한여름에 개에게 목을 물려 거의 죽어갈 때 극적으로 구조해 준 특별한 인연이기도 했다. 그래서인지 미셸은 아내를 잘 따랐고 덕분에 좋은 음식도 많이 얻어먹었다.

하지만 세월이 지나면서 미셸은 영역 내 서열이 뒤처지고 있었다. 점점 나이가 들어 가던 미셸은 또 다른 강

미셸과 그의 연인 중에서
가장 아름다운 자태를 뽐내는 백설이

자 흑표에게 밀리기 시작했다. 흑표는 검정 줄무늬가 있는 고등어과 고양이로 덩치도 가장 크고 힘도 셌다. 결국 미셸은 급식 장소에서 점점 멀어져 갔고 체구도 계속 작아졌다.

아내는 기력이 쇠약해진 미셸을 치료해 주기 위해 구조를 결심했다. 미셸은 위험한 상황에 처할 때마다 자기를 구조해 준 아내의 손길에 순순히 응했다. 구조 이틀 뒤인 2018년 9월 18일, 대한민국 문재인 대통령의 역사적인 평양 방문을 텔레비전으로 지켜보고 있을 때 동물병원 원장의 전화를 받았다. 마침 미셸의 구내염 치료를 부탁하려던 차여서 반갑게 받은 수화기를 통해 원장님은 간밤에 미셸이 죽었다는 소식을 전해 주었다.

미셸은 4년여의 보살핌 속에 잘 지내다가 떠난 우리 동네 플레이보이다. 마지막 가는 길은 장례식장에 의뢰하여 보내 주었다.

"천하의 난봉꾼 미셸, 먼 길 외롭지 않게 잘 떠나라. 그동안 고마웠다."

미셸을 기억하는 동네 이웃들도 소식을 접하고 안타

까워했다. 아내는 아직도 미셸을 추억하며 말을 잇지 못할 때가 있다. 그만큼 남다른 인연이었기 때문이다.

"천하의 난봉꾼 미셸, 먼 길 외롭지 않게 잘 떠나라. 그동안 고마웠다."

묘생 역전 콩쥐맘

콩쥐맘도 백설이에 못지않은 다산의 여왕이다. 턱시도과 고양이로 얼굴색이 여러 가지 빛깔이 섞여있는 카오스를 많이 출산했다. 콩쥐맘은 잦은 출산 탓인지 털에 윤기가 없었다. 게다가 먹을거리를 찾으려고 쓰레기봉지를 뜯는 모습도 자주 눈에 띄었다. 카오스의 자손들은 계속 늘어났지만 대체로 무더위나 추위 속에서 하나둘씩 사라지곤 했다. 아마도 먹을거리를 충분히 찾기 힘들었기 때문일 것이다.

콩쥐맘이라 이름 붙은 데에는 이런 이야기가 있다. 콩쥐맘이 제일 마지막으로 낳은 새끼는 네 마리였는데 언젠가부터 두 마리가 되어 있었다. 두 마리는 어미와 비슷했는데 검은색과 갈색으로 색깔만 달랐다. 그래서 이름을 콩쥐와 팥쥐라 붙였다. 그런데 얼마 후 팥쥐마저 종적을 감췄고 늘 먹는 일에 적극적이었던 콩쥐만 살아남게 되었다. 이 때문에 콩쥐의 어미는 자연스럽게 콩쥐맘이 되었다.

아내는 배식이 끝나면 콩쥐맘에게 건사료와 습사료를 섞어서 담은 별도의 비닐봉지를 주었다. 콩쥐맘은 이 비닐봉지를 입에 물고 새끼들이 있는 곳으로 향했다. 그 뒤를 따라가 살펴보면 봉지에 들어있는 사료는 새끼 고양이들 차지가 되었다. 이런 상황을 보게 되면 급식은 도저히 멈출 수 없는 일이 된다. 아내는 콩쥐맘을 구조하여 중성화 수술을 받게 했다.

지금 콩쥐맘은 매일 양질의 식사를 제공받은 덕에 윤기 없었던 털이 이제는 기름기가 넘칠 정도로 매력적으로 달라졌다. 콩쥐는 중이염으로 청력을 잃은 누나 베토벤과 드라마 제작사 건물 마당에서 살고 있는데 관계자들이 잘 챙겨 주고 있어 아주 우량한 상태다. 특히 콩쥐는 베토벤의 장애를 보완해 주면서 생활하고 있다. 동물이지만 다시 한 번 바라보게 되는 대목이다.

콩쥐맘,
아내가 매일 챙겨 주는
특식 덕분에 이제는 제법
털에 윤기가 흐른다

귀가 들리지 않는
콩쥐맘의 딸 베토벤

콩쥐맘을 빼다 박은
아들 콩쥐는
누나 베토벤의 훌륭한
보호자 역할을 한다

내게 뒤통수 맞은 베이지

베이지는 백설이의 자식이다. 코숏(코리안 숏헤어)인 녀석은 이름처럼 털색이 베이지 색인데 온종일 급식 장소에서 내 발걸음만 기다렸다. 점차 가까워지면서 조금씩 나의 손길을 허용했고 자신의 배를 내주기까지 했다. 성질이 사나운 어미 백설이와는 달리 사람들에게 가까이 다가서던 고양이다. 난 베이지의 이런 행동이 오히려 우려되었다. 생각 끝에 길고양이의 험난한 삶보다는 입양을 시키는 것이 좋을 것 같아 포획하기로 결정했다.

당시에는 길고양이에 대한 상식이 부족해 맨손으로

포획하는 방법을 사용했는데 비록 성공을 거두긴 했지만 매우 위험한 선택이었다는 것을 깨달았다. 비록 친근감을 표현할 정도로 가까운 사이였던 베이지도 그 순간만큼은 내 손을 벗어나려고 몸부림을 쳤다. 자칫 베이지와의 인연이 끝나게 될지도 모를 나름 심각한 상황이었다. 바로 옆에 주차시키고 미리 문을 열어 놓은 자동차 안으로 재빨리 집어넣으면서 짧은 시간에 상황이 종료되어 그나마 다행이었다.

베이지는 고양이들만을 돌보는 시설이 마련된 가정집에 어렵게 위탁했다. 안전하게 보호를 받고는 있지만 수십 마리가 함께 지내다 보니 고아원이나 다름없었을 것이다.

이런 시설 같은 환경 속에서 고양이들은 더욱 예민한 성질로 바뀌게 되어 입양이 더 힘들어지는 게 아닌지 우려되었다. 내가 베이지를 만나려고 그곳을 두 번 방문했을 때 내 모습을 보고 몸을 숨기던 녀석이 마음에 걸린다. 언젠가 입양을 갈 수 있을 것이라는 말을 들은 지 워낙 오래전이라 과연 그런 날이 올지 걱정이다.

바로 그날!

쿵! "해피야, 나 좀 도와줘. 이리 와, 나 좀 도와달란 말이야!"

2018년 겨울은 혹독하리만큼 추웠다. 2018년 2월 2일 금요일은 특히 더 추운 날씨였다. 영하 15도. 해피와 함께 생활하기 시작한 이후로는 저녁 식사 정도가 약속의 전부다. 산책을 고대하고 있을 해피를 생각하면 그 이상의 늦은 귀가는 상상해 본 적이 없다. 이제는 나이도 나이지만 늦은 시간까지 밖에서 소일하는 것은 거의 불가능한 상태다.

그날도 마찬가지였다. 독일에서 근무할 때 알고 지내

던 지인과 집 근처에서 저녁 식사를 했다. 미리 준비해 가져간 사케 한 병은 둘이 마시기에 적당한 양이었다. 하지만 지인은 결막염 치료를 받고 있다면서 술을 입에 대지 않아 사케는 온전히 내 차지가 되었다.

지인과 헤어진 후 취기가 오른 상태에서 해피와 산책 겸 급식을 시작했다. 겨울에는 사료도 사료지만 물을 구하는 것이 더 어렵다. 당연히 겨울에 사용하는 밥통은 여름 것보다 크기 마련이다. 급식을 거의 마치고 마지막 급식지로 향했다.

급식 장소는 대체로 외지거나 은폐된 곳에 많은데 마지막 차례인 곳이 그중 제일 위험했다. 과거에 콩쥐맘의 자식인 카오스가 새끼 네 마리를 낳아 키우던 곳을 어렵게 발견했다. 빌라 뒤쪽의 뜰 한쪽 구석의 후미진 곳이라 사람들이 발길이 거의 없었다. 내가 그곳을 발견할 수 있었던 것은 카오스가 나를 인도해 주었기 때문이다. 후에 어미 카오스와 새끼 두 마리에게 중성화 수술을 했던 책임감 때문에 계속 급식을 이어 가고 있었다.

이곳에 가려면 난간이 없는 약 60센티미터 폭의 계단

을 2미터 정도 올라간 후 담 밑의 좁은 길을 건너가야 한다. 한 층이 채 넘지 않는 높이지만 계단을 내려올 때면 늘 신경을 써야 하는 곳이다. 어쩌면 떨어질 수도 있을 것이란 생각에 그럴 땐 어떤 낙법을 쓰는 것이 좋을지 상상해 본 적도 있었다.

그런데 상상 속 그날이 바로 그날이었다. 하지만 정작 헛발을 딛고 추락할 때는 아무런 생각을 할 수도 없이 순식간에 차갑고 단단히 얼어붙은 땅바닥에 떨어져 있었다. 그나마 다행인 것은 미끄러지는 순간 양손에 들고 있던 급식 가방과 해피의 리드줄을 놓치지 않으려 애쓰느라 앞으로 내민 오른팔과 어깨가 먼저 닿아 땅바닥에 머리를 부딪치는 불상사를 모면한 일이다. 꼼짝 못 하고 쓰려져있던 나는 혹시 몸에 마비가 온 게 아닐까 싶어 발가락, 허리 등을 조심스레 움직여 보았다. 다행히 특별히 문제가 생긴 것 같지는 않았다. 다만 쉽게 움직일 수 없는 상태였기에 해피를 열심히 불렀건만, 녀석은 멀리 떨어져서 물끄러미 바라보고만 있을 뿐이었다.

"야속한 녀석, 그렇게 먹여 주고 놀아 주고, 산책시켜 주고 했는데 아무 소용없구나! 정말 서운하다."

이 순간, 나는 영화의 한 장면처럼 해피가 다가와 내 볼을 핥아 줄 것이라 상상했다. 해피의 장점이자 단점은 어떤 경우에도 사람을 향해 짖지 않는다는 거다. 어찌나 순하고 친절한지 해피는 누가 쓰다듬어도 싫어하는 기색을 보이지 않는다. 나한테 오기 전까지 얼마나 눈치를 보며 살아왔는지 딱히 개성이라 할 만한 게 없는 편이다.

냉기 서린 땅바닥에서 빨리 일어나지 않으면 무슨 일이 생길 것만 같았다. 겨우겨우 몸을 일으킨 나는 주변에 널브러져 있는 물건들을 정리했다. 몸을 살펴보니 여기저기에 상처를 입은 것 같았다. 특히 오른쪽 손가락 하나는 옆으로 휘어져 있었고 나머지 손가락들 역시 통증을 동반했다. 왼손에도 문제가 있었지만 통증이 심하지는 않았다. 오른쪽 어깨는 홈이 팬 듯 상처가 깊었고 다리는 찰과상을 입었다. 매서운 추위 때문에 중무장을 한 옷차림 덕분에 충격이 조금 완화되긴 했으나 바지며 점퍼 여러 군데가 찢겨져 있었다. 빨리 집으로 돌아가야겠는데 걷기가 힘들었다. 아내에게 전화를 걸어 도움을 청해 무사히 귀가했다.

  그날의 사고로 오른쪽 중지는 골절 판정을 받았는데 1년이 지난 지금까지도 제대로 굽혀지질 않는다. 비록 손가락이 기형이 되긴 했어도 활동가나 캣맘이 겪는 고통 중의 하나에 불과하다. 그만큼 동물과 함께하다 보면 물린다거나 낙상을 당하는 것 같은 일들이 늘 일어나게 마련이다.

어찌나 순하고 친절한지
누가 쓰다듬어도 싫어하는 기색을
보이지 않는 해피

밥차 엄마의 수난

 매일 오후 3시가 되면 아내의 밥차가 동네를 한 바퀴 돈다. 약 1시간가량 소요되는 행차는 많은 고양이들을 설레게 한다. 이제 구역마다 제법 자리를 잡아 가면서 매우 평온한 동네가 되어 가고 있다. 구간마다 기다리고 있는 대표 고양이들은 하루도 어김없이 시간에 맞춰 대기하고 있다. 포획에 실패해 일 년이면 두 번씩 새끼를 양산하며 극도로 경계심을 드러내는 뻔순이 베이지를 제외하고는 모두 아내의 팬이다.

 우리 동네는 아내와 주변 사람들의 도움으로 길고양이의 개체 수 조절이 상당히 잘 정리된 편이다. 언제든

기꺼이 시간을 할애해 주는 전문 구조인, 중성화 지정 병원으로 선정된 단골 동물병원 원장 등 모두가 보이지 않는 공신들이다. 중성화를 통한 길고양이 개체 수 조절에 의견이 분분한 경우도 있지만 막상 경험을 해보니 새끼를 마냥 낳도록 놔두는 일은 어느 누구에게도 이롭지 못하다는 것을 깨닫게 되었다.

아내가 하루 일과 중 적지 않은 시간을 동물과 교감하는 만큼 내게는 경제적인 득실이 교차한다. 우선 '실'에 관해 이야기하자면 길고양이에 대한 아낌없는 투자를 들 수 있다. 사료뿐만 아니라 아내는 구조비, 치료비, 후원금, 겨울철 집 제작 등에 매우 적극적이라 내가 쓰는 밥값보다 훨씬 많이 든다는 것을 부인할 수 없다.

반대로 내가 얻는 경제적인 득이라면, 아내는 동물 보호와 복지에 대한 개념이 뚜렷해서 모피라든가 가죽 제품은 구입하지 않고, 화장품도 가급적 동물실험을 하지 않는 제품을 사용한다. 또한 보석을 사는 법도 없어 내 경제적 성장(?)에 공헌하는 바가 크다.

아내는 대체로 보편적인 멋을 추구하는 사람이다. 일

오늘 한 끼를 해결했다고 하더라도 험난하고 배고픈 시간은
계속 이어지기 마련이다

회용과 플라스틱 제품 사용을 지양하고 음식쓰레기 배출을 최소화하는 등 환경문제 이슈에 대한 관심도가 매우 높은 편이다. 아직도 앳된 모습에 늘 단정한 차림인 아내는 평범하면서도 자신의 멋을 추구하는 고마운 동반자다.

6월에 비가 몹시 내리던 날, 아내는 동네 카페에서 미끄러져 엉덩방아를 찧었다. 급식하던 중에 일어난 사고였는데 검진 결과 요추 골절상이라고 했다. 골절은 회복까지 대개 최소 3~4개월의 시간을 요한다던데 3개월이 지난 지 오래인데도 회복이 더디어 걱정이다.

하지만 아내는 여전히 자신의 임무를 게을리하지 않고 있다. 허리에 기구를 찬 채 아들과 언니 그리고 이웃의 도움을 받으며 계속 급식을 이어 가고 있다. 90세 시어머니가 알게 된다면 무슨 말을 들을지 뻔하지만 아내가 하는 일은 임무가 아닌 헌신에 가깝다. 이제 우리의 노력이 연착륙하면서 제법 상황이 잘 전개되고 있지만 언제 또 무슨 일이 일어날는지 아무도 모른다. 다만 앞으로 이런 일을 다시 겪지 않았으면 하고 바랄 뿐이다.

개 유감

엥겔 지수는 가계 소비지출에서 식료품비가 차지하는 비율로서, 가계의 생활수준을 가늠하는 척도가 된다. 소득이 오른다고 해서 식료품비가 비례하여 증가하지 않는다는 사실로 미루어 소득 대비 식료품비 지출이 높다면 빈곤층에 해당된다는 이론이다.

나의 경우, 직장 생활을 하고 소득이 적지 않은 만큼 엥겔 지수가 쉽게 올라가거나 내려가지 않는다. 그러나 공교롭게도 식료품비 지출이 계속 늘어나고 있다. 집에는 건장한 두 아들이 있어 밥값을 꽤 축내는 편이다. 만약 외식비도 식료품비에 넣어 계산한다면 우리 집 엥겔 지수는 30퍼센트를 넘을 수도 있을 것 같다. 엥겔 지수가 25퍼센트 이내일 경우 최상위층, 25~30퍼센트는 상위층, 30~50퍼센트는 중위층, 50~70퍼센트는 하위층, 70퍼센트 이상은 극빈층으로 분류한다. 이를 기준으로 보면 우리 집은 다행히도 중상위층에 속한다.

우리 집 엥겔 지수를 더 높이는 것은 반려견 해피뿐만 아니라 내가 돌보는 동네 길고양이들의 숫자가 적지 않기 때문이다. 강아지, 고양이 사료는 날이 갈수록 다양해지고 고급화되고, 새로운 간식도 줄지어 소개되고 있다. 돌보는 길고양이가 질병으로 힘들어하거나 컨디션이 좋지 못할 때 특식을 제공하는 것은 기본이다.

반려동물을 키우는 데는 상당한 경제적 부담이 뒤따른다. 이들에게 제공하는 것을 엥겔 지수를 높이는 사료 정도로 생각한다면 큰 오산이다.

강아지의 경우 매년 광견병 접종은 물론이고, 매달 심장사상충 예방도 해주어야 한다. 어딘가 아파서 피검사를 할 경우 사람이 병원에 지불하는 비용보다 훨씬 비싸다. 사고나 골절이 생길 경우엔 뼈가 상대적으로 가늘어 핀으로 고정시켜야 하는데 이럴 때 예상외로 비싼 치료비를 치러야 한다. 또한 번식농장에서 공급하여 입양된 아이들은 선천적으로 무릎 관절 위에 있는 슬개골 탈구가 빈번히 발생한다. 특히 가정에서 키우는 소형견의 경우 미끄러운 실내 바닥 때문에 80퍼센트 이상에 이른다는 보고도 있다. 병원에서는 대개 수술을 권하는데 고민해 볼 필요가 있다.

우리 집 해피 역시 뒷다리 오른쪽과 왼쪽 모두 각각 슬개골 탈구 2기, 3기 진단과 함께 수술을 권유받았었다. 지금은 거의 나은 경우인데, 개인적인 판단으로는 꾸준히 했던 산책 덕분에 환부 주변 근육 강화에 도움이 된 것이 아닐까 싶다. 만약 수술을 선택한다면 수술비가 한쪽에 100~200만 원이 든다고 하니 경제적 부담이 상당하다. 심지어 강아지 미용비가 사람보다 몇 배나 비싼 것을 두고 놀라는 경우도 종종 볼 수 있다. 하지만 털의 양만 보더라도 사람보다 수십 배 많고, 잘못하면 물릴 수도 있는 위험 속에서 일하는 사람에게 비싼 대

가를 지불하는 것은 당연하다고 할 수 있다.

 말로는 내 자식, 내 새끼라 부르며 예뻐하면서 반려동물이 주는 기쁨을 만끽하려 들 뿐 사실은 액세서리 혹은 장난감 정도로만 생각하는 사람들이 많다. 이런 경우, 혹여 반려동물이 병에 걸리거나 부상을 입어 커다란 경제적 부담 앞에 놓였을 때 그들은 어떤 판단을 내릴 것인가.

 개통령이라 불리는 강형욱 동물행동 전문가가 출연하는 〈세상에 나쁜 개는 없다〉라는 프로그램을 보면 의뢰자가 공간에 비해 지나치게 많은 개체 수의 반려동물을 양육하는 사례가 종종 있다. 한 마리도 신중하게 생각해야 할 터인데 서너 마리 이상의 반려동물을 한 공간에서 양육하는 것은 동물의 고유한 특성을 무시한 채 자신의 욕구 해소를 위한 사육이 아닌가 싶다. 어떤 경우는 주인이 정한 옳지 못한 규칙을 제대로 따르지 않았다며 징벌을 가하기도 한다. 한 예로, 자신이 물렸기 때문에 두렵다는 이유로 1미터짜리 줄에 묶어 마당에 방치한 채 4년 동안 한 번도 산책을 시킨 적이 없다는 의뢰자도 있었다.

바로 이런 점 때문에 어릴 적부터 교육이 필요하다고 본다. 동물을 키우는 일은 사회의 규칙을 통해 자신의 의식 개선은 물론이고, 이를 통해 사회의 의식 수준을 높일 수도 있다. 독일에서 목격한 번식, 입양, 등록, 교육, 보호 등의 절차 수준까지는 아니더라도 체계적으로 시도해 볼 때가 되었다. 나아가 한 가지 더 말하고 싶은 것은 우리나라의 동물에 대한 언어 습관에 대한 유감이다.

예를 들어 욕을 할 때도 다른 나라에서는 개를 소재로 삼는 경우를 찾아보기 힘들다. 그러나 우리나라에선 주로 개를 비하 또는 모욕적인 언어 수단으로 이용하는 경우가 많다. '개새끼', '개 같은 놈'과 같은 직접적인 표현은 물론 '개지랄', '개뼈다귀', '개소리'와 같이 다른 단어와 결합하여 사용되기도 한다.

나 역시 예외가 아니지만 가능하면 '개' 대신에 '쥐'로, '개 같은' 대신에 '벌레 같은'을 사용하려고 노력하고 있다. 그러나 막상 욕이 나올 상황이 되면 개로 시작하는 것이 먼저 튀어나오니 쉽지 않다. 그래도 반려동물과 함께

입양 전 보호시설에서
처음 만났을 당시의 해피

해피가 다니는
학교에서 차려 준
생일상

학교 크리스마스
파티에서 한 컷

하는 사람이라면 개를 빗대어 욕하는 언어 습관을 고치면 좋을 것 같다. 언어로도 개에 대해 존중해 줄 수 있다면 좋지 아니한가. 나는 앞으로도 쥐새끼, 벌레 같은 놈으로 대신하려 한다.

매일 똥밭이다

나의 아침은 어김없이 같은 시간에 시작된다. 5시에 맞춰 둔 알람이 울리면 주중이든 주말이든, 날씨가 어떠하든, 바깥 기온이 어떠하든 무조건 기상이다. 해가 짧아지기 시작하는 가을과 강추위가 몰아치는 겨울 동안이면 일어나고 싶지 않은 마음과 5분만 더 자고 싶은 유혹에 갈등하지만 바깥에서 애타게 기다리고 있을 동네 길고양이들을 생각하면 오랫동안 씨름할 여지가 없다.

출근 전에 동네를 산책하는 시간을 가지는 것에는 또 다른 신선함이 있다. 정신이 맑아지는 것은 물론 정적

속에 펼쳐져 있는 동네 모습을 제대로 음미할 수 있다. 주변의 사무실 빌딩과 식당 그리고 카페들이 꽤 산재해 있어 부산하고 어수선한 낮과는 사뭇 다른 느낌이다. 아침에 태양이 떠오르면 잘 모르고 지냈던 동네 풍광의 민얼굴을 볼 수 있다.

산책 중에 이웃 주민들과 마주치는 일은 또 다른 즐거움을 선사한다. 항상 시간에 쫓기듯 종종걸음으로 출근하는 30대 중후반 남성은 슬림 핏의 재킷과 짧은 듯한 바지에 한창 유행 중인 백팩 형태의 가방을 메고 있다. 약간 짙은 화장의 20대 여성은 늘 오른손에 켠 핸드폰을 눈높이에 들고 무언가를 시청하며 전철역으로 향하곤 하는데 혹시 어디에 부딪힐지 몰라 걱정이 된다. 아침 6시 15분이면 이웃 아파트 단지 경비이신 김 선생이 출근을 하거나 퇴근을 한다. 24시간 근무 체계여서 출퇴근 시간이 같아 가끔 마주치는 경우가 있다. 6시 반에 출근하여 청소를 시작하는 아래 건물 아주머니는 항상 울려 퍼지는 찬송가를 들으며 밝은 모습으로 일을 시작한다. 바로 맞은편의 교회 주차장은 버스 기사 아저씨가 청소를 하면서 고양이들에게 퉁명스럽게 대하는데 주변의 쓰레기 때문이다. 죄 없는 고양이는 억울하게도 아저씨의 화풀이 대상이 되곤 한다. 50대 중반의 아주머니는 산책을 하면서 팔을 아래위로 크게 움직이며 빠른 걸음으로 건강을 돌본다. 하지만 날씨가 춥거나 비가 오는 날이면 그 모습을 찾아볼 수 없는데 특히 환절기에는 그런 날들이 많아져서 혹시 건강이 나빠진 것인지 걱정이 된다. 매일 마주치는 사람 중에는 트럭을 몰고 다니며 종이 박스를 수거하는 무뚝뚝한 아저씨도 있다. 지금은 낯이 익어 가볍게 목례를 주고받으며 안부를 물을 정도가 되어 가끔씩 주변 고양이 근황을 알려 주는 정보원 역할도 해주신다. 얼마 전에는 매일 밥을 주던 고양이 한 마리가 보이지 않아 걱정을 하자 사체가 있는 위치를 알려 주기도 했다. 금년 추석에 조그만 선물을 마련해 건넸더니 무뚝뚝한 얼굴에 환히 웃음꽃을 피웠다.

사람들 모습만큼 동네 모습도 다이내믹하게 변하고 있다. 매년 한두 동씩 철거되던 건물들이 이젠 한 블록

내에서도 몇 동씩 사라지고 그 자리에 신축 건물이 속속 들어서고 있다. 새 건물에는 카페나 식당이 입주하는 경우가 많고, 베이커리나 꽃집도 들어선다. 우리 동네는 웨딩 관련된 일이 많아 사진 스튜디오와 웨딩드레스 숍, 네일 숍도 눈에 띈다. 집 건너편 모퉁이의 작은 공간은 원래 커피와 팥빙수, 팥죽을 잘하던 단골집이었는데 하루아침에 인사도 없이 떠나더니 그 이후 밥집, 빵집으로 계속 바뀌고 있다. 나중에 알게 된 사실이지만 20평 남짓한 공간의 월세가 600만 원이라고 하니 아무리 위치가 좋다 해도 오래 버틸 재간이 없었을 것 같다. 그야말로 조물주 위에 건물주라는 이야기가 실감 난다. 사업을 시작하는 사람들도 많고, 아울러 사업을 너무 쉽게 생각하고 달려드는 사람들도 많은 것 같아 걱정스러운 대목이다.

시간의 흐름 속에 주변의 많은 것이 변화했듯 내 주변과 우리나라 역시 많은 변화가 있었다. 직장 내 나의 보직과 업무 영역이 확 바뀌었고, 국가적으로는 새로운 정부도 탄생했다. 단지 지난 4년 동안 바뀌지 않은 것이 있다면 아파트 경비 일을 하시는 분이 출퇴근을 하며 직장을 유지하고 있다는 것과, 내가 아침저녁으로 해피와 산책을 하면서 동네 고양이들의 집사 역할을 계속하고 있다는 것이다.

한 형태의 일상을 지속적으로 유지한다는 것은 쉽지 않지만 내가 지속해야 할 일이 있다면 딱 두 가지다. 해피의 배변 문제를 해결해 주는 일과 더불어 길고양이의 집사 역할이다. 만약 산책을 해서 좋아지는 것이 무엇이냐고 묻는다면 훨씬 많은 답을 할 수 있을 것 같다. 출근 전 맑은 정신과 날로 튼실해지는 허벅지 근육, 입맛 돋는 아침 식사, 더 알차고 길어진 하루 등등. 그런데 이렇게 좋은 분위기가 산책 도중에 종종 깨지는 경우가 있다.

사방에 깔려있는 개똥 때문이다. 특히 아침이면 드러나게 마련인 전날 밤 반려동물을 산책시킨 사람들의 소행이다. 화단이며 길거리는 물론이고 남의 집 대문 앞에도 널려있는 이놈의 것을 보면 반려동물 문화의 수준이란 아직도 갈 길이 멀다는 생각을 절로 하게 된다. 길거리에 뒹굴고 있는 플라스틱 컵이나 캔뿐 아니라 각 건물에 내동댕이치듯 버려져 있는 분리되지 않은 쓰레기도 많이 접한다. 하지만 그건 꼭 반려동물을 키우는 사람의 몫은 아니다. 그런데 사방이 똥 천지인 것은 문제가 다르다.

그야말로 똥밭이다. 반려동물을 키우는 나로서도 정말 보기 싫은 광경이다. 나부터도 이렇게 반감이 드는데 반려동물을 키우지도 않고 애정을 갖고 있지도 않은 사람들은 이 광경을 보고 어떻게 느낄까? 더구나 하루를 시작하는 아침 시간이라면 더더욱.

그들의 양심 값을 환산하면 겨우 12원짜리에 불과하다. 마트에 가면 25×35센티미터 비닐봉지 500장 한 통이 6,000원가량이다. 고작 12원짜리 비닐봉지 한 장 값에 폄하되는 양심 없는 반려인들의 몰염치한 행태가 다른 반려인들에게 끼치는 피해가 얼마나 큰가를 왜 모르는 걸까?

반려동물 산책을 위한 준비물과 옷차림

　　　　　　　　　　매일 아침저녁으로 산책을 할 때의 옷차림은 오랜 경험을 토대로 정립되었다. 계절마다 다르고 아침저녁으로 다르다. 바지와 점퍼에는 늘 배설물 수거용 비닐봉지를 곳곳에 넣어 두고, 바지 오른쪽 뒷주머니에는 지갑과 출입 카드, 왼쪽 뒷주머니에는 핸드폰을 비치한다. 바지 오른쪽에는 비상용 소형 칼과 물티슈가 있고 왼쪽 바지와 점퍼 상단 주머니에도 비상용 비닐봉지가 여러 개 들어있다.

　점퍼의 장점은 곳곳에 주머니가 많다는 것이다. 산책할 때 종종 눈에 띄는 배설물은 세월이 흘러도 좀처럼 줄어들지 않는다. 이른 아침에 거리와 건물을 청소하는 아저씨, 아주머니가 그런 모습을 보았을 때 기분이 밝을 리 없다. 처음엔 가끔씩 잊고 다니는 경우가 있었지만 산책을 규칙적으로 하게 되면서 자연스레 준비물도 갖춰졌다.

매일매일 아침저녁으로 산책을 하지만 가끔 마주치는 이웃은 점례 엄마, 태홍이 아빠 정도다. 대부분의 반려견은 외출이나 산책을 생략한 채 온종일 집 안에서만 지낸다. 일주일에 한두 번 하는 산책은 산책이라 할 수 없다. 게다가 집 안에서만 지내다 보면 분리불안, 배뇨 장애 등 문제가 생길 수도 있다. 그런 만큼 땅을 밟고 그 냄새를 맡도록 해주는 것이 개들에겐 꼭 필요하다.

나는 해피와 산책할 때 지키는 한 가지 원칙이 있다. 계절에 상관없이 중절모나 헌팅캡을 착용한다. 과거에 모자를 쓰지 않고 급식을 할 때 몇몇 사람이 시비를 걸어 온 적이 있었다. 중절모는 나이가 지긋해 보이게 하고, 헌팅캡은 터프가이처럼 보이게 해준다. 모자를 착용한 이후 내게 시비를 걸어 온 이가 아무도 없는 걸 보면 과연 효과가 있는 것 같다. 가끔 모자를 쓴 나를 보고서 헷갈려 하는 반응을 볼 때면 왠지 모를 쾌감까지 느낀다.

이유 있는 생명

반려동물을 위한 우리의 노력

h a p p y

흑인이 백인을 위해 창조된 것이 아닌 것처럼
여자가 남자를 위해 창조된 것이 아닌 것처럼
동물도 인간을 위해 창조된 것이 아니다.

– 앨리스 워커

숫자로 알아보는 반려동물의 현실

1,000만 : 1,000만 반려인 시대

500만 : 가정에서 양육되고 있는 반려동물의 수

200만 : 매년 식용으로 도축되는 개의 수

100억 원 : 반려동물 지원을 위한 정부의 연간 예산

10만 : 매년 유기되는 반려동물의 수

1,000곳 : 전국에 산재해 있는 식용 개 농장 수(3,000곳으로 추정하는 통계도 있다.)

500곳 : 전국에 산재해 있는 보신탕 전문 식당 수(생각보다 수가 적은 이유는 대부분 불법 영업, 눈가림 영업 때문이다.)

네 가구 중 한 가구에서 반려동물을 키우고 있을 만

큼 우리나라 사람들은 보편적, 잠재적 동물 애호가이면서도 매년 식용으로 도축되는 개의 숫자를 보면 모순된 사회구조를 보여주고 있다. 정부가 반려동물 관련해 편성한 예산은 겨우 연 100억 원대에 불과하다.

유기되는 동물의 숫자가 많은 이유는 반려동물에 대한 개념이 제대로 정립되어 있지 않음을 의미한다. 기르는 사람도 많고 버리는 사람도 많으며, 좋아하는 사람도 많고 먹는 사람도 많다. 쉽게 납득하기 힘든 통계이긴 하지만 도살되고 유기되는 반려동물 숫자는 지나치게 많고 관련된 예산은 너무 적다. 불과 1,000여 곳의 식용 개 사육장과 500여 곳의 보신탕 집 때문에 잃는 것이 너무 많다.

개는 과거부터 인간과 아주 밀접한 관계를 유지하며 살아가는 공생 관계에 있다. 오래전부터 사람들은 개를 주로 사냥개, 썰매견으로 활용했는데 이제는 마약 탐지견, 인명 구조견, 장애인 안내견, 노약자 힐링견 등의 역할도 한다. 인간을 따르고, 인간에 의해 개조되며, 인간을 위해 목숨을 바치기도 하는 것이 개 본연의 모습이

해피는 배변 습관 개선과 사회성을 높이기 위해 가끔씩
학교에 등교한다. 해피와 학교 친구들

아닌가 싶다. 오늘날 인구 5천만의 대한민국에서 반려동물 500만의 존재는 시사하는 바가 크다. 반려동물 증가에 따라 경제적 이익을 추구하는 관련 사업도 계속 발달하고 있지만 그에 걸맞은 의식은 물론이고 법과 규제 역시 아직껏 제대로 정비되어 있지 않다.

매년 유기되는 반려견의 수가 10만 마리 수준이라고 한다. 이 가운데 4분의 1은 안락사, 또 다른 4분의 1 정도는 보호소에서 자연사한다. 가슴 아픈 일은 안락사를 위해 이동할 때에 대부분의 강아지들이 마치 죽음을 예견한 듯 초연한 모습을 보인다는 점이다. 안락사 역시 절차와 방법이 있다. 절차를 모두 지킨다는 것은 그만큼 비용이 더 지출됨을 의미한다. 바로 이런 경제적 이유로 1차 절차인 마취 없이 독극물을 주입하는 경우가 있다. 죽임을 당하는 것도 억울한데 죽어 가는 순간에조차 고통을 받는 것이다. 주인에게 버려진 후 식음 전폐, 스트레스 증가 등의 사유로 자연사하는 강아지들의 모습 또한 처참하기 이를 데 없다.

유기견 중에 4분의 1가량은 입양을 통해 새로운 삶이

주어진다. 그런데 정말 어이없는 일은 이 가운데 상당수가 입양 즉시 판매된다는 것이다. 요즘 동물보호소에서 조달한 개를 식용으로 재판매하는 브로커들이 활개를 친다고 한다. 반려동물 중 강아지는 일 년에 7천 마리 정도가 분양되는 것이 현실적인 숫자임을 감안하면 나머지 1만 5천 마리 정도가 이런 브로커들에 의해 희생되는 것으로 추정된다. 또 한 번 인간에 의해 험한 꼴로 죽임을 당하는 것이다. 그리고 개인 사정으로 인터넷을 통해 입양 보내는 강아지들까지도 종을 불문하고 브로커들이 손길을 뻗고 있다고 하니 각별히 유의해야 할 대목이다. 특히 품종 견, 품종 묘는 타깃이 된다. 유기된 반려동물 가운데 나머지 4분의 1은 다시 길거리로 보내지거나 실험용으로 이용되기도 한다.

길고양이 중성화 수술에 대해서는 갑론을박이 많다. 예를 들어 길고양이를 중성화 수술 후에 다시 길거리로 보내는 경우다. 형식적인 시술은 효과가 그다지 없는 편이고, 영양 상태가 좋지 않은 길고양이일 경우 오히려 수술 후유증으로 목숨을 잃을 수도 있다. 그러나 4년 동

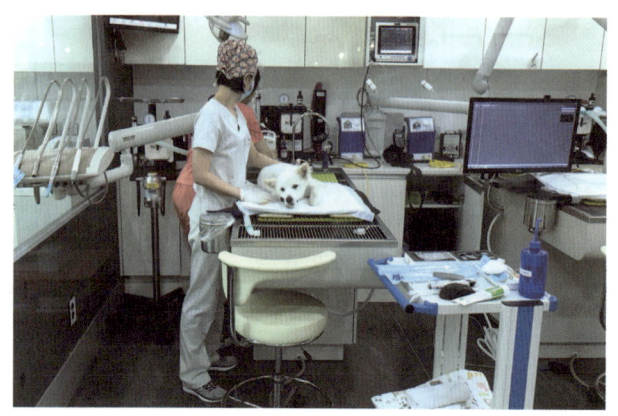

안의 내 경험을 토대로 이야기하자면 중성화, 즉 TNR은 필수 불가결한 선택이다. 다만 이를 주도하는 포획 전문가, 수의사 들이 좀 더 세심하게 보살펴 준다면 훨씬 나은 결과를 얻을 수 있을 것 같다.

보통은 중성화 수술 후 하루 이틀 뒤에 방사를 하는 것으로 되어 있다. 하지만 날씨가 무덥거나 춥거나 장마철이라든가 또는 고양이의 건강 상태가 좋지 못하다면 퇴원을 보류하고 영양제를 보충해 준다든가 2주 정도 약효가 지속되는 항생제 주사를 놓는다. 내가 그동안 중성화시킨 길고양이 30~40마리에게는 필요한 추가 조치를 한 후에 지내던 곳으로 다시 보내곤 했다.

유기된 동물을 처리하기 위한 사회적 비용도 만만치 않다. 하지만 동물 보호나 복지 관련 정부 예산은 2017년 기준 74억 원에 불과하며, 2018년에는 85퍼센트나 증가했음에도 136억 원에 지나지 않았다. 지방 하천에 교각 몇 개를 세울 수 있을 정도의 예산이다. 정부 예산은 유기 동물 구조와 동물보호소 운영, 중성화 수술 지원 등에 사용된다. 하지만 이는 단지 유기 동물 처리를 위한 최소한의 비용에 불과하다. 보호소는 이미 포화 상태가 된 지 오래이고, 그 수 또한 절대적으로 부족하다. 그렇기 때문에 안락사시키는 것을 원칙으로 한다. 길어야 열흘 정도가 유기 동물이 사회로부터 생명을 부지할 수 있는 최대의 기간인 것이다.

버려진 생명을 귀하게 여기는 사람들은 죽음에 처한 생명을 하나라도 더 건지려고 자기 주머니를 털어 가면서 열정을 다해 헌신하고 있다. 같은 뜻을 가진 사람들이 직접 입양하거나, 임시 보호를 하면서 다른 곳에 입양되도록 돕거나, 캠페인이나 인터넷을 통해 새로운 동반자를 연결시켜 준다. 어느 누군가의 이기적 행동으로 발생된 엄청난 사회적 비용을 개개인의 주머니에서 충당하는 경우다. 이처럼 반려동물을 유기하는 행위는 버리는 것으로 끝나지 않는다.

반려동물이 유기될 경우 대부분 심장사상충과 진드기로 인한 피부병에 노출되기 때문에 생명을 위협받는다. 아니면 야생성이 더해져 포악한 개체로 돌변할 수 있으므로 사회적인 격리가 필요하다. 이를 위해 구조나 치료를 위한 비용이 필요한데 정부의 지원이 빈약한 상태에서는 개인과 동물보호단체가 고스란히 부담할 수밖에 없다. 이런 이유에서라도 개 번식 농장, 식용 개 사육과 같은 사안들이 강력하게 규제되어야 하는 것이다.

중대형 유기견의 경우, 그 실상은 훨씬 더 심각한 것으로 보여진다. 중대형 견은 특성상 집에 마당이 없으면 키우기 힘들다. 요즘 일반 주택의 형태를 감안하면 당연히 수요라든가 개체 수가 줄어야 하는데 실제로는 줄지 않고 있다. 중대형 견의 대표적인 견종인 리트리버, 콜리, 진돗개, 풍산개 등은 소위 품종 견이다. 수요가 줄고, 사료비가 많이 들다 보니 비용을 감당하지 못한 번식업자들이 방치하거나 식용으로 파는 경우도 종종 발생한다.

동물보호단체에서 이들을 구조하는 과정에서 개 주인과 충돌하여 문제가 표출되는데, 동물학대로 보느냐 재산권 침해로 보느냐 하는 이슈가 대표적인 예다. 동물들이 너무도 열악한 환경에서 굶주리고 비참한 생활을 하는데도 아직은 재산권 침해라는 법적 규정이 작동한다.

중대형 견은 한 공간 내에서 여러 개체 수가 함께 지내는 것이 불가능하다. 개들 간에 서열이 있고, 사나운 이빨과 짖는 성질이 있기 때문이다. 특히 서열 싸움이 벌어지기라도 하면 필사적이다. 이런 불상사에 대비하려면 공간에 대한 배려가 필요한데, 소형 견 열 마리를 수용 가능한 공간이면 중대형 견은 한두 마리밖에 수용하지 못하니 딜레마가 아닐 수 없다. 결국 중대형 견을 수용할 수 있는 곳은 동물보호단체 중에서도 몇 개 협회밖에 없다. 사설 보호단체의 시설들은 포화 상태에 이른 지 오래이다. 이미 턱없이 부족한 정부의 보호시설이란 곳도 궁극적으로는 안락사를 위한 정거장에 불과할 수밖에 없는 것이 현실이다. 미국이나 독일과 같은 선진국의 잣대로 가늠하면 더는 보호할 장소가 없다고 해도 과언이 아니다.

그렇다면 선진국에서는 이러한 문제들에 어떻게 대처하고 있을까? 독일의 경우 유기된 동물 한 마리당 필요로 하는 공간의 크기를 지도하고, 이에 더해 각 동물보호소에서 양육할 수 있는 개체 수를 장소에 맞게 법적으로 제한하고 있다. 게다가 독일은 유기된 동물을 죽이지 않는 No-Kill 정책을 고수하고 있다. 심각한 질병을 앓고 있거나, 전염병 인자를 보균하지 않았다면 살아있는 한 보호해 주는 것이다.

유기되는 동물의 수가 감소되도록 하려면 매년 분양되는 개체 수를 감소시켜야 한다. 반려동물에 대한 사람들의 의식이 바로 서게 되면 자연스레 분양 수요가 줄게 될 터이고, 나아가 번식업자의 공급도 줄게 된다. 다시 말해서 우리나라 현실에서 가장 중요한 과제는 반려동물의 개체 수를 감소시키는 것이다.

정부로부터 지원을 전혀 받지 못하고 있는 동물보호

반려동물도
　　행복할 권리가 있다.
하지만 그 결정의 주체는 인간이다

단체들은 할 일이 정말 많다. 구조 상담과 같은 일상적인 업무부터 동물보호법 개정 등 새로운 입법을 위한 연구까지 신경 써야 한다. 그만큼 대한민국의 현실은 동물에 대해 아직도 체계적인 제도와 법을 확립하지 못하고 있다.

다행히 고무적인 사실은 최근 들어 몇몇 국회의원을 중심으로 동물보호법을 개정하여 개를 가축에서 제외시키려는 움직임이 있다는 것이다. 하지만 여전히 개를 산업의 한 축에서 소득으로 간주하려는 의원들이 있어 선진적인 동물복지를 향해 가는 걸음에 발목을 잡고 있다. 특히 본 사안을 다루고 있는 국회의 해양농수산부 소위원회 소속 국회의원들은 1차 산업 종사자들을 위한 입법 활동을 하는 곳이어서 어느 곳보다도 보수적인 측면이 있다.

예를 들어 1차 산업 가운데 농업은 묘종을 구입하고 비료와 농약을 사용하여 수확물이 준비되면 농기계와 인력을 이용하여 수확하게 된다. 그런 다음 포장과 유통이라는 채널을 거쳐 전국에 판매된다. 물론 이러한 과정에서 세금 납부와 소득 분배도 이루어지게 된다.

반면에 식용 개 사육업자들은 불법 사업이기에 비밀 유지를 위해 가족 중심 운영을 하며 식당에 유통시키는 경로도 불투명하다. 1천여 곳에 달하는 식용 개 사육 장 중 정식으로 등록한 업체는 채 10퍼센트가 되지 않는다. 무엇보다도 불법 도축과 유통으로 얻은 수입에 대해서도 세금을 부과할 근거를 남기지 않으므로 과세도 없고, 분배의 대상도 없다. 그러므로 식용 개를 산업의 한 축으로 여겨서는 안 되며, 개를 가축에서 제외시키도록 하는 동물보호법 개정이 시급하다.

식용 개 사육장은 나날이 대형화, 조직화되어서 지역 정치인에게 압력을 가하는 등 과거와 달리 강하게 대응하고 있다. 국가 경제를 위한 산업도 아니고 세상에서 손가락질 받는 일에 정부가 뒷짐을 지고 있는 바람에 동물보호단체를 비롯한 동물 애호가들이 부담할 필요가 없는 에너지와 비용을 대신 치르고 있는 형국이다. 실제로 동물보호단체는 정부를 대신하여 여러 가지 일을 하고 있다. 전국의 식용 개 사육업자 실태, 항생제 남용 사

해피의 학교 친구들

례, 인·허가에 관련된 현황 파악 등이 모두 동물보호단체 주도로 이루어지고 있다. 상식적인 관점에서 정부의 적극적인 개입이 필요해 보인다.

  반려동물을 입양하는 이유는 그야말로 각양각색이다. 특히 부모들은 자녀가 동물을 키우고 싶어 한다는 이유로 입양을 결정하는 경우가 많은데 보다 더 신중을 기했으면 한다. 개와 고양이는 이제 15년 정도는 너끈히 살 수 있다. 사료의 보급과 의료 기술의 발달로 동물의 수명도 덩달아 길어진 것이다. 이런 생명체를 아이들이 좋아한다고 해서 덥석 반려동물로 삼을 일이 아니다. 알레르기도 그렇고, 물릴 수도 있으며, 때론 치료비도 많이 든다. 반려동물과 잘 지낼 수 있다면 그러한 경험이 자녀들의 인성 형성에 긍정적으로 작용할 여지가 큰 것이 사실이다. 하지만 요즘 대학생이나 직장인의 경우도 기르던 동물을 파양하거나 유기하는 일이 많다. 긴 시간을 집에 혼자 두는 것이 불쌍하기 때문이라는 이유가 제일 크다.

인간이 동물을 좋아하는 것은 바람직한 일이다. 동물과 친화적인 사람들은 사회적 진정성이 더 높다는 말도 있다. 반대로 동물을 학대하는 사람은 그렇지 않은 사람보다 범죄율이 25퍼센트나 더 높다는 통계도 있다. 동물을 학대하는 사람은 잠재적으로 그만큼 사회문제를 일으킬 소지가 크다 하겠다. 그러나 이런 부류의 사람들도 의식적 훈련이 거듭되면 마음의 상처가 치유되는 동시에 범죄를 일으킬 잠재적 가능성도 줄어든다고 한다.

동물복지를 논하다 1

　　　　　　　　　세상은 이미 동물학대란 주제를 뛰어넘어 동물복지라는 다음 주제로 진입한 지 오래다. 프랑스가 원산지인 우아한 모습의 푸들이란 견종을 모르는 사람은 별로 없을 것이다. 그런데 인간의 욕심 때문인지 호기심 때문인지 커피 머그잔에 들어갈 만한 크기의 소위 '컵 푸들'이라는 초소형 강아지가 나타났다. 이는 푸들이 가진 유전자 중에서 열성 유전자만을 이용해 계속 번식시켰다는 의미일 것이다. 그렇기에 저항력이 약해진 만큼 당연히 수명도 짧아지기 때문에 실제로 동물학대와 다름없다. 그런데 이런 말도 안 되는 현상을 유독 우리나라에서 많이 볼 수 있고, 인기가 높은 것은 씁쓸한 현실이라 하겠다. 생명체를 경시하든 말든 조금 독특하기만 하면 열광하는 풍조 때문이다.

독일에는 오래전부터 애완동물을 판매하는 펫숍이나 애완견 센터, 경매장 등이 존재하지 않는다. 개를 기르고 싶으면 개인을 통해 입양하는 게 일반적이며, 주인이 지출한 비용이나 노력에 대한 대가를 지불하는 식이다. 예를 들어 개에 대한 정보가 모두 등록되어 있는 패스포트와 접종확인증을 받는 대신 돈을 지불하는 것이다. 결과는 구매하는 것과 마찬가지인 것처럼 보일 수 있으나 그와는 전혀 다른 의식에서 출발하는 것이다. 동물을 사고팔 수 있는 일개 물건이 아니라 한 생명체를 가족으로 받아들이는 절차로 생각하기 때문이다.

개 식용에 대한 문제점을 지속적으로 지적하는 것은 이로 인해 양산되는 폐해가 수없이 많기 때문이다. 개를 번식시키고 도축하는 과정을 들여다보면 동물학대와 생명체 경시 풍조는 물론이고 위생, 환경, 건축, 납세에 이

애완동물은
 무한한 매력을 지니고 있다.
 다만 그 매력은 인간에게 받은
 사랑만큼만 펼칠 수 있다

르기까지 어느 것 하나 합법적인 것이 없다.

  이 세상에 식용으로 태어난 개는 없을 것이다. 식용견이 따로 있다고 생각하는 것은 큰 오산이다. 심지어 경매장에 가면 성견의 경우 무게로 따져 가격을 책정한다. 개 시장에서 볼 수 있는 견종 또한 그야말로 각양각색이다. 누렁이로 불리는 일본 도사견은 대표적인 식용견으로 자리 잡은 지 오래이며, 백구의 범주에 속하는 진돗개, 풍산개도 흔히 볼 수 있다. 이에 더해 리트리버, 셰퍼드와 같은 품종 견은 물론 유기견, 모견 등 종류와 크기를 가리지 않는다. 특히 유기견을 경매장에 파는 사람이 있고, 이를 구입해 식당이나 건강원에 되파는 사람들도 상당수 존재한다.

  개를 도축하는 과정은 끔찍하기 이를 데 없다. 작은 강아지는 몽둥이로 정수리를 치고, 큰 개는 철사로 목을 옭아매어 나무에 매달아 죽인다. 더군다나 이런 끔찍한 도살 행위를 살아있는 개들 앞에서 버젓이 행한다고 한다. 인간이 과연 이렇게까지 잔인할 수 있는 것인지. 이 모든 불법 도살을 방치함으로써 동물의 생명권이나 생명 윤리에 대한 의식도 함께 뒤처진 채 방치된다.

  10~20년 전에 필리핀, 태국, 대만이 그랬듯이 개와 고양이가 식탁에서 사라져야 할 시간이 왔다. 필리핀의 경우, 1998년에 개와 고양이의 도살을 금지했다. 태국과 대만은 2000년대 초에 개 식용을 정식으로 금지했다. 과거에 중국의 상류층에서는 귀한 손님을 접대할 때에 원숭이 두개골 요리를 상에 올렸다고 한다. 나 또한 중학생일 때 그에 관한 영상을 본 적이 있었는데 충격을 이만저만 받은 게 아니었다. 하지만 요즘 세상에 이런 잔인하기 그지없는 음식을 먹는다면 아마도 전 세계가 가만두지 않을 것이다.

  중국에서 3대 진미에 든다는 상어 지느러미를 원재료로 만드는 샥스핀도 머지않아 자취를 감출 태세다. 2013년 18기 3차 중앙위원회 전체회의에서는 개혁 항목으로서 공식적으로 샥스핀 퇴출을 선언했기 때문이다. 2013년 당시 연 1억 마리 이상의 상어들이 지느러미만 뜯긴 후 바다로 내던져진 채 죽어 가는 광경에 사람들은 크게 분노했다. 프랑스의 값비싼 식재료인 푸아그라 또한 거위 사육 과정의 잔인함이 폭로되어 사육 방식의 개선책 도모는 물론이고 소비도 나날이 줄고 있다.

스페인에서는 카탈루냐 주 바르셀로나에서 2012년부터 전통 문화인 투우를 금지시켰다. 투우 금지 법안의 추진은 옛 스페인 식민지였던 중남미 대륙의 멕시코와 콜롬비아까지 확산되고 있다. 수백 년간의 전통 문화이자 축제였던 투우가 생명체의 존중을 더 우선시한다는 이유로 금지되었다는 사실에 아쉬워하는 목소리도 있지만 시대적 흐름에 부합하는 결단이라 하겠다. 소가 등에 칼이 꽂혀 잔인한 죽임을 당하는 광경에 열광하는 인간의 폭력성이 무의식적으로 각인되는 것을 방지하기 위한 조치라 생각한다.

이탈리아 로마에 출장을 갔을 때 대표적 명소인 원형 경기장 콜로세움(Colosseum)을 둘러볼 기회가 있었다. 그곳은 수만 명을 수용할 수 있는 경기장에서 인간과 맹수의 대결, 기독교인과 기독교인 간의 강압적인 결투 등이 치러지던 곳이다. 경기장 지하실은 검투사와 맹수들이 대결을 준비하는 공간이고, 아울러 노예들은 시설을 가동시키는 역할의 부품에 지나지 않는 존재였다. 관중석에는 술과 음식이 넘쳐나고 경기를 관람하며 열광하는 무리들은 마치 세상이 종말을 맞기라도 한 것처럼 무질서하게 보였을 것이다. 하지만 이제 더는 이러한 모습은 존재하지 않는다. 그만큼 세상이 변하고 있고 바로 서고 있다.

우리나라 역사에서 찾아보자면 동학혁명에 참가한 민중이 굶어 죽기 직전인 상황에도 불구하고 함께하던 개를 끝까지 먹지 않았던 소신을 알게 되었다.

동물복지를 논하다 2

돼지는 인간과 교감을 나누며 살아가는 개와는 차이가 있다. 개체의 성질이나 경제적 관점에서 보면 돼지는 가축에 속한다. 소, 돼지, 닭과 같은 동물을 식용으로 생산할 땐 도축 과정의 매뉴얼을 거치고 있다. 예를 들어 돼지의 경우, 전기 쇼크로 의식을 잃게 한 다음 피를 뽑고 살을 가르는 분리 작업을 한다. 가축들은 규격이 비슷한 편이라 얼마만큼의 충격과 어떠한 도축 과정이 필요한지 이미 공식화되었다고 보면 된다. 그럼에도 불구하고 열 마리 중 한 마리는 아직도 상당히 고통스러운 죽음을 맞는 것으로 알려진 후

젊은 세대에게 반려동물에 대한 올바른 인식을 갖게 해주는 일은 매우 중요한 과제다. 그들이야말로 반려동물의 삶의 질을 결정하는 미래의 주역이 될 것이기 때문이다

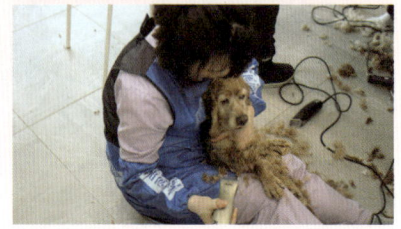
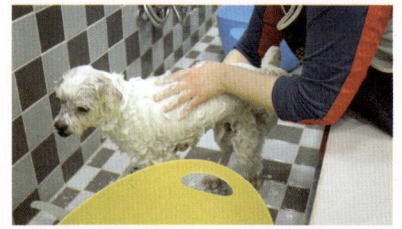
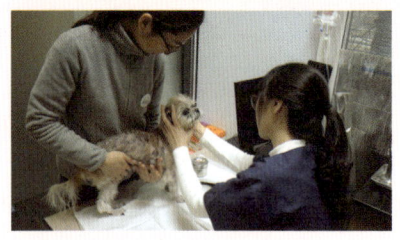

동물자유연대 반려동물복지센터에서 펼치는
교육 및 돌봄 활동

이에 대한 개선 방안을 모색하고 있는 중이다.

개 식용화의 정당성을 주장하는 사람들은 가축의 도축 과정과 개의 불법 도살을 동일시하려는 경향이 있는데 이는 큰 오산이다. 개 도축을 정당화한다면 여태껏 행해진 불법도 고스란히 잔존하게 될 것이다. 합법화한다는 것은 풀지 못할 숙제를 하나 더 던져 주는 것일뿐더러 그에 더해 악습과 악법에 면죄부를 주는 일이며 관련 종사자에게 날개만 달아 주는 꼴이다.

반려동물을 판단하는 명확한 기준은 없지만 나름 몇 가지로 분류해 볼 수 있다. 인간과의 관계 및 교류, 양육의 목적, 그리고 사회성, 지능, 상식적 개념 등이다. 개 식용 반대론자들은 개는 소나 돼지와 다르고 가축이 아니라고 주장하는 한편 가축의 복지를 위해서도 부단히 애쓰고 있다.

식용 개 사육장의 문제는 무엇보다도 환경이 비위생적이고 열악하다는 데에 있다. 사육장은 말에 불과할 뿐 쓰레기 처리장 그 자체다. 오죽하면 그들 스스로 사육장에 공급하는 사료를 음식쓰레기 처리에 기여하는 일

동물자유연대 반려동물복지센터에서 자유롭고
즐겁게 어울려 지내는 유기견들의 모습

이라고 하겠는가. 차마 상상하기 힘든 지경이다. 땅 위에서 뛰어다녀야 할 존재들을 소위 '뜬장'에서 사육하였기에 막상 구조되어 땅바닥에 발을 디디는 순간 개들은 공포에 휩싸이는 경우가 다반사다.

이런 지저분한 환경에서 지낸다면 그만큼 병에 걸릴 확률이 높아진다. 쓰레기나 다름없는 급식 속에 살아남는 방법은 딱 한 가지밖에 없다. 무려 기준치의 10배가 검출되었다는 항생제 투여가 그것이다.

그러다 보니 개고기를 섭취할 경우 개한테 투여했던 항생제가 사람에게 영향을 미치게 된다. 충분히 분해되지 않고 농축된 항생제가 간에 치명적이기 때문이다. 유기견을 식용으로 이용하는 경우에도 유기견의 상당수가 심장사상충과 피부병에 노출되어 있기에 사람에게도 위험하다. 그래서인지 개고기 수육은 개 식용 농장에서 공급된 것을, 보신탕은 유기견을 사용한다는 말도 있다. 2013년경 채널A의 교양·시사 프로그램인 〈이영돈 PD의 먹거리 파일〉에서 건강원의 유기묘를 이용한 고양이탕 고발 건을 다룬 적이 있다. 내용을 보면 각종 질병에 노출된 개체를 먹거리로 삼거나 더 나아가 건강식품으로 둔갑시키고 있는 현실을 확인할 수 있다.

때로 한국 의사뿐만 아니라 미국 의사도 논문과 신문 칼럼을 통해 개고기의 효능을 부각시킨 글을 접할 때가 있다. 과연 그들이 학자로서 진정한 책무를 다하고 있는 것인지 의문이다. 아마도 우리나라에서 번식되고 있는 개들이 태어나서 죽을 때까지의 과정을 전혀 모르고 있는 것 같다. 어떻게 길러지고 도축되는지 제대로 알게 된다면 오히려 개 식용은 없어져야 한다고 주장할 것이다. 의사의 경우, 약을 추천하더라도 FDA에서 승인한 가장 안전하고 엄선된 것, 그리고 규격화된 것을 추천해야 할 의무가 있다.

개고기를 규격화할 수 있다는 주장도 실정을 잘 모르고 하는 소리다. 이를 규격화하려면 그 규격을 뒷받침할 만한 기준이 있어야 하는데 아무런 근거가 없다. 개를 살찌우려면 운동을 제한하고, 짖지 못하게 하고, 개집에 가둬야 한다. 이는 곧 학대의 시발점이 되는 일이다. 또한 개를 가축화시키자는 주장은 세계 어느 나라에서도

동물자유연대 반려동물복지센터 전경

찾아볼 수 없는 전대미문의 발상이다. 전 세계가 동물의 복지와 이들의 권리를 논하는 시점에서 오히려 학대를 위한 방법을 강구한다는 것은 시대를 역행하는 행위이자 웃음거리일 뿐이다.

동물복지를 논하다 3

우리나라의 경제 수준에 비하면 동물복지 정책은 이제 막 걸음마를 뗀 단계에 해당된다. 오히려 민간 동물보호단체들이 선도하고 있는 실정이다. 단체들은 1999년 동물학대방지연합을 필두로 2000년에 접어들면서 본격적으로 결성되었고, 한때 어려움에 처하기도 했으나 이제는 제법 어엿한 규모로 자리매김하였으니 꽤 고무적이라 하겠다. 이들 단체의 미래가 곧 반려동물의 미래이자 희망이다.

동물보호단체들은 오랫동안 활동하면서 적지 않은 시행착오를 겪었다고 한다. 동물을 거두기만 하니 개체 수

(사)동물권행동 KARA 더불어숨 센터 전경

는 줄지 않고, 수용 시설은 금세 포화되고 만다. 발족 당시엔 반려동물에 대한 사회적 인식이 낮아 구호 활동마저도 쉽지 않았다고 한다. 반려동물에 대한 정책이나 규정, 시설 등에 대한 체계적인 활동을 펼쳐 나가면서 단체 본래의 기능이 작동되기 시작한 것은 그리 오래되지 않았다. 최근 들어 종합복지관, 보호시설, 입양 센터 등 자체적으로 건물을 확보할 수 있었던 것도 고생 끝에 얻은 작은 결실이라 하겠다.

우리나라의 대표적인 동물보호단체들의 공통점은 여성들이 대표를 맡고 있고 상당히 수준 높은 활동을 벌이고 있다는 점이다. 체계적인 연구와 조사, 활동을 통해 동물 애호가들에게 큰 신뢰를 받고 있는 임순례 대표의 동물권행동 KARA, 해박한 지식과 경험을 바탕으로 다양한 동물 정책에 매진하는 조희경 대표의 동물자유연대, 소신이 뚜렷하고 한발 앞서 행동하는 박소연 대표의 동물사랑실천협회(CARE)가 대표적이라 하겠다. 2013년과 2014년에 각각 준공된 동물자유연대의 남양주 종합복지센터와 KARA의 '숨'은 우리나라 동물복지의 새로운 장을 열었다 해도 과언이 아니다. 아울러 CARE가 답십리에서 운영하는 유기동물입양센터는 새로운 희망의 불씨를 당기고 있다. 한 가지 아쉬운 점은 이러한 동물보호단체들 모두가 후원자의 도움 없이는 시설을 유지하기 힘들다는 것이다.

젊은 세대에게 반려동물에 대한 올바른 인식을 갖게 해주는 일은 매우 중요한 과제다. 그들이야말로 반려동물의 삶의 질을 결정하는 미래의 주역이 될 것이기 때문이다. 대한민국의 미래가 어둡지 않은 것은 젊은 세대의 동물복지에 대한 인식이 높아지고 있고, 희생을 감수하며 활동을 펼치고 있는 수많은 개인과 동물보호단체가 있기 때문이다. 이제 이들의 목소리에 귀를 기울여야 할 때다.

개 식용 문화에 반대합니다

"자신의 생각을 절대 바꾸지 않는 사람들이 있어요. 극우 세력과 종북 세력입니다. 타협의 여지가 없어요. 자신이 변하기보다 세상이 바뀌는 편이 훨씬 쉽다고 생각하지요. 반려동물을 바라보는 시선도 조금씩 우에서 좌로, 좌에서 우로 이동하여 간극이 많이 좁혀졌으면 좋겠습니다."

2002년 월드컵 개최 전해인 2001년에 우리나라의 많은 정치인과 문화·예술인 그리고 일부 단체가 소위 '개고기 불간섭 선언문'이란 것을 선포했다. 당시는 외국

언론들이 한국의 개 식용 문화에 대해 한창 조롱과 비웃음을 퍼붓던 때였다. 선언문의 핵심 내용은 "개고기는 우리의 역사 속에서 탄생된 고유의 음식 문화이니 다른 민족들은 왈가왈부하지 말 것, 계속 시비를 걸면 공동 대응을 통해 민족 음식을 더욱 적극적으로 보존하겠다는 것과 개를 도살·전시하는 방법에 대해서는 반성하고 있지만 앞으로 개선할 계획이다."라는 게 골자였다. 마치 독립선언문이라도 되는 듯한 이 비장한 선언문에 동참한 이들은 대부분 개혁적인 인물들이었다. 개인적으로 좋아하는 훌륭한 인물들도 여럿 포함되어 있었다. 당시 여당이었던 김홍신 한나라당 의원의 발의로 시작된 이 선언문은 유시민·노무현 의원을 비롯한 정계 대표와 송두율, 유홍준 등 학계 대표, 김지하·이장호·문성근·전유성·주병진 등 문화·예술계 대표 등 총 167명이 서명했다. 그리고 한국노총, 민족문제연구소, 대한한의사협회, 대한약사회 등 총 12개 단체가 참가했다.

오늘날의 시각으로 바라보면 당시 상황과 같은 긴장감은 느껴지지 않는다. 이 문제는 민족주의적 반향을 일으킬 만한 사안도, 이렇게 민감하게 대응할 일도 아니었다. 최근 텔레비전 예능 프로그램인 〈개밥 주는 남자〉라는 프로그램을 보면 주병진 씨가 웰시 코기(Welsh Corgi) 종 세 마리를 대, 중, 소라 이름 붙여 온갖 정성을 다해 키우고 있다. 개그맨 전유성 씨는 청도에 거주하며 '개 나소나' 콘서트를 열어 고장의 이름을 알리는 동시에 더는 개고기를 먹지 않는다고 밝혔다. 그만큼 환경도 달라졌고, 정서도 많이 변했으며 눈높이도 높아졌다.

나는 기성세대가 젊은 세대에게 동물에 대한 관점과 개념을 배워야 한다고 본다. 기성세대는 젊은이들이 환경이나 생명에 대해 논하거나 목소리를 높이면 비용부터 따지려 들거나 대뜸 입에 풀칠하기도 힘들었던 시절을 끄집어낸다. 또 보신탕은 혐오 식품이니 없애자고 하면 전통 음식 운운하면서 물러서려 하지 않는다. 개 식용 문제는 전통에 관한 문제도, 국수주의적 관점에서 바라볼 주제도 아니다. 변화하는 시대를 따라잡지 못한, 세상에서 없어져야 할 유산일 뿐이다.

반려동물 실태에 대한 소회

　　　　　　　　　　　우리나라는 한류라는 대단한 문화 콘텐츠를 보유하고 있다. 요즘 같은 글로벌 시대에 자부심을 느껴도 좋을 듯하다. 일본, 홍콩, 중국, 대만 등 이웃 나라에서만 맴돌던 K-POP이 이제 동남아시아는 물론이고 북·남미 대륙을 넘어 유럽에까지 폭넓게 퍼져 나가고 있다. 해마다 전 세계 곳곳에서 K-POP 축제가 열리고, 경연대회 개최는 물론 얼마 전에는 방탄소년단이 UN에서 연설도 했다. 음악을 필두로 영화, 패션, 음식에 이르기까지 우리만이 누리던 모든 분야의 문화가 전 세계로 확장되고 있는 추세다. 한류의 면면을 살펴보면 하드웨어와 소프트웨어가 잘 조화를 이루어 일구어 낸 산물이랄 수 있는데, 이는 기성세대와 젊은 세대 간의 성공적인 조화를 의미하기도 한다. 세대 간에 조화가 이루어지면 의사소통은 물론 의식 수준도 높아질 수 있다는 것을 확인하게 된다. 젊은이들이 끼를 충분히 발산하기까지는 이를 뒷받침해 준 기성세대의 노력이 큰 밑거름이 되었을 것이다. 승리하기 위해서는 시스템이 있어야 하고, 시스템이 성공을 거두려면 훌륭한 선수들이 있어야 한다.

반려동물에 대해 정리하면서 느꼈던 희망은 우리에게 훌륭한 선수들이 많다는 점이다. 그러나 성공을 위한 선행 조건인 시스템은 여전히 제대로 갖추지 못했다는 것이 결론이다.

한국과 독일의 실태를 살펴보면서 몇 가지 개인적인 소회를 정리하고자 한다.

첫째, 반려동물은 인간과 더불어 살아갈 권리가 있고, 인간은 이들을 보호해야 할 의무가 있다. 반려동물과 함께한다는 것은 한 생명체를 책임지는 것인 만큼 신중한 판단을 필요로 한다.

둘째, 처음에 내 손을 필요로 하던 반려동물이었지만 이제는 오히려 내가 반려동물의 손길을 필요로 하는 입장이 되었다. 반려동물은 무덤덤하게 흘러가던 밋밋한 일상을 감성이 충만하고 희로애락이 분명한 삶으로 바꾸어 준 활력소이자 소중한 존재다.

셋째, 반려동물이란 생명체를 하나의 패션이나 소장품 정도로 가볍게 생각하는 풍조가 만연해 있다. 번식되는 개체 수, 분양되는 개체 수, 그리고 유기되는 개체 수가 지나치게 많다. 이렇게 양산된 생명체 하나가 유기될 경우 제대로 회복되기 위해선 구조, 치료, 입양 등으로 이어지는 긴 시간은 물론 상당한 비용과 노력을 필요로 한다. 2014년부터 시행된 반려동물 등록제와 동물관리보호시스템, 훈련 프로그램 의무화가 정착되어야 할 시점이다.

넷째, 반려동물과 함께하는 가구가 1천만에 이르는 시대에 걸맞지 않게 동물보호법 개정과 행정적 지원은 아직도 요원한 상태다. 반려동물에 대한 사회적 이슈가 급속히 증가하고 있는 추세이지만 규정과 법안은 아직도 제자리다. 정부가 주도적으로 나설 때가 되었다.

다섯째, 생명과 환경에 대한 시대의 흐름은 명확한데 의식 수준은 여전히 낮은 편이다. 다른 세상에선 한 단계 뛰어넘는 발상을 하고 있는데 우리는 여전히 진부한 틀 속에 갇혀 있다. 부분적으로라도 생명과 생명 윤리에 대한 교과과정을 고려할 때다.

여섯째, 동물보호단체의 역할이 봉사에서 입법 지원까지 다양한 만큼 단체 간 노선에 대해 긴밀한 조율이 필요하다. 같은 동물보호단체라도 추구하는 바가 조금씩 다르고 거론되는 이슈가 광범위해짐에 따라 주요 단체의 일사불란한 연대 체계가 절실하다.

일곱째, 전국에 흩어져 있는 사설 보호소는 심각할 정도로 열악한 상태임에도 불구하고 정부의 지원이 전혀 없다. 악순환이 계속된다면 결국 개인은 물론 정부에도 짐이 될 것이므로 정부의 사전적 예산 확대가 절실하다.

마지막으로, 궁극적인 핵심 과제는 개체 수 조절이라

는 점을 강조하고 싶다. 그러기 위해선 번식업자, 식용 개 사육업자에 대한 단속 기준이 보다 더 명확하고 엄격해져야 한다. 이 부분은 정부의 몫이다. 얼마나 비윤리적, 비위생적, 비합법적으로 태어나고 죽는지에 대해 꼭 알아야 한다.

반려동물을 통해 성숙되는 나의 철학

 개를 키우고, 고양이를 돌보며 생활하다 보면 평소 느끼지 못한 감회에 젖을 때가 있다. 과연 사람과 동물의 차이가 무엇인가? 사람에겐 생각할 줄 아는 뇌가 있어 전략적인 판단을 하지만 동물은 본능과 생리대로 삶을 이어 간다. 동물에겐 오늘이 전부이고, 내일 존재하기 위해서는 오늘의 생존이 필수적이다. 특히 척박한 도시 환경에서는 인간의 손길 없이는 동물이 살아가기 힘든 게 현실이다.

 내가 동물의 내일을 위해 함께한다는 것은 사회생활에 있어서도 많은 도움이 된다. 어려운 환경에 노출된 사람들에게 도움의 손길을 내미는 일에 익숙해지며, 항상 역지사지의 관점에서 사물을 판단하는 습관을 갖게 된다. 하루도 빠짐없이 이어진 4년간의 생활 패턴은 끈기를 바탕으로 이어 가지 않으면 불가능하고, 마주하는 길고양이들을 동등하게 대하는 것처럼 직원들을 대하는 자세도 다를 바 없다. 고양이들로 인해 종종 불거지는 예기치 못했던 사건들을 해결하기 위해선 전략적인 방법을 구사해야 한다. 그렇지 못하면 문제가 커지기 마련이다. 때로는 회사에서 결정해야 할 전략적 선택보다 더 어려운 경우도 있다. 몇 블록에 걸친 넓은 관리 구역이 대체로 별 탈 없이 유지되고 있는 것은 마치 조직 생활을 잘 하고 있는 것처럼 희열을 느끼게 한다.

내가 사회생활 중 제일 중요한 가치로 생각하는 것은 바로 최선을 다하는 것이다. 이에 더해 소통까지 잘 한다면 금상첨화다. 먼저 다가가고 배려하며 지내다 보면 한 단계 더 발전된 관계로 진화한다. 진실된 만남과 대화는 상대의 상태를 가늠할 수 있게 하고 인지한 내용은 위기에 대응할 수 있는 기반이 된다. 터득한 노하우 중 소통은 배려심과 일관성이 열쇠다.

고양이의 경우도 별반 다르지 않다. 그들과 교류하는 것은 별로 어렵지 않다. 급식을 할 때 원칙을 세워서 반복하게 되면 밥 주는 일은 어렵지 않지만 딱 거기까지다. 하지만 이 아이들이 어떤 상태인가에 따라 운명이 결정되므로 더 소통하며 지내는 것은 중요한 일이다. 가까이 다가설 수 있어야만 상태가 어떤지 알게 되고 이에 대한 적절한 대응을 할 수 있다. 눈은 어떤지, 이빨은 어떤지, 기침을 하는지. 이런 과정을 통해 치료도 하고 개체 수 유지도 할 수 있으며, 동네에도 질서가 생기고 규칙도 서게 된다. 어떤 사회에서든 소통은 키워드에 속하지만 스스로 손해를 볼 수도 있다는 각오 없이는 제대로 작동할 리 없다. 소통 능력을 갖춘다는 것은 오늘은 조금 희생을 할 수도 있지만 결국 후에 큰 결실을 볼 수 있을 것이다.

여기에 더해 안팎의 네트워크를 형성하는 것은 사회생활의 연장선이나 마찬가지고, 미래의 동물복지를 논하는 것은 회사의 비전만큼이나 특별한 의미가 있다고 생각한다. 때로는 나의 일상에 적극 지지를 보내고 관심을 표하는 사람들이 주변에 많다는 것을 깨닫는다. 그들과 좋은 관계를 유지하는 것은 이해관계를 떠나 또 하나의 경험이자 행복이다. 바로 이런 것이 연대이고 또 하나의 사회생활이란 생각이 든다.

이렇게 시작해서 알게 된 사람들의 유형은 학생부터 활동가, 교수, 단체 대표, 의사, 언론인, 국회의원에 이르기까지 다양하고 포괄적이다. 내가 추구하는 바는 보편적인 룰의 원칙보다 색다른 룰을 만드는 일이다. 경험을 통해 구축된 곧은 신념은 10명, 100명을 능가할 수 있음을 경험했다. 해외에서 봐 왔던 동물복지의 스탠더드를 잣대로 한국의 현실을 살펴보면 그때마다 가슴이 답답하기 이를 데 없으나 시간은 내 편이라는 것을 분명히 알고 있다.

그러나 개와 고양이 문제에 있어서 한국의 현실은 너무 고전적일 만큼 진도가 늦다. 너무 더뎌서 답답하기까지 하다. 생명에 관련된 이슈는 비단 보수, 진보의 문제가 아니라 삶의 가치에 대한 판단 기준을 어디에 둘 것인가의 문제일 뿐임에도 우리 현실은 이데올로기의 한 주제처럼 다루어지는 게 아쉽기만 하다.

내 주장은 단순히 시대에 부합하지 않는 개 식용, 공장식 번식 등에 대한 규제만이라도 제대로 갖추어 달라는 것이다. 국회의 입법도 일부의 외침에 불과하다. 그 잣대가 시대에 전혀 부합되지 못한 것임에도 현실을 외면한다. 개 식용이 하나의 문화라고 주장하는 사람들에게 "그런 것을 문화라고 배운 적도 없지만 만약 문화라고 규정하더라도 시대에 부합되지 못한 것이라면 당당히 걷어 내고 그다음 발전 주제로 넘어가야 한다."고 말하고 싶다. 특히 우리나라 동물복지 문제는 그리 대단한 것도 아니다. 공급을 제한하면 부수적으로 전개되는 유기견, 동물학대 문제 역시 상당히 줄어들게 된다. 나아가 이웃 간의 마찰과 범죄 감소에도 영향을 미친다.

많은 구조 활동가들이 행하는 일들을 섣불리 판단하지 말아 줄 것과, 곱지 않은 시선도 거두어 주기 바란다. 성원의 눈빛까지는 아니더라도 그냥 바라만 보아 달라고 부탁하고 싶다. 그것이 활동가들이 염원하는 바의 최대 꼭지가 아닌가 싶다. 실제로 그들은 제일 큰 공로자인 동시에 제일 큰 피해자이기 때문이다.

| 에필로그 |

우리들이 꿈꾸는 소망
반려동물들에게 주는 자유

내가 이 글을 쓰고 있는 지금도 해피는 이리저리 돌아다니며 카페 손님들의 따뜻한 손길을 만끽하고 있다. 해피는 자신에게 다가오는 사람들을 실망시킨 적이 한 번도 없을 정도로 소문난 친절견이다. 산책 중에 마주친 다른 강아지들이 성가시게 굴어도 조용히 지켜보기만 하는 아주 특별한 녀석이다. 만약 집에 도둑이 침입했더라도 짖어 대지 않을 것 같다. 녀석에게는 뭔가 복잡한 사연이 있는 것인지도 모른다.

해피의 고향은 경기도 광주다. 어떤 이유로 유기되었는지 알 수 없지만 구조는 2014년 12월의 어느 추운 겨울날에 이루어졌다고 한다. 그때 나는 독일에서 막 귀국하여 근무를 시작한 시점이었다. 마치 우리가 만날 운명이었다는 듯이.

지금 나는 해피가 전해 주는 행복 바이러스에 전염되어 있고, 해피는 나의 충실한 동반자가 되어 있다. 독일에서 만났던 미셸이 법과 제도를 일깨워 주는 데 일조했다면, 해피는 삶의 행복과 가치를 느끼게 해주었다. 해피가 내게 온 것 또한 커다란 행운이지만, 해피 역시 입양이 확률적으로 희박한 상황에서 이루어졌다. 만약 해피가 전형적인 시골 개의 삶을 이어 갔다면 1미터짜리 쇠사슬 목줄이 허락하는 범위 내에서 평생을 지냈을지 모를 일이다. 개 본연의 성질은 목줄 없이 뛰어놀며 세상을 만끽하는 데에 있음에도 말이다.

나는 반려동물을 역지사지의 관점에서 바라보며 생활하는 습관을 갖게 됐다. 마이크로소프트 사의 최고경영자(CEO) 사티아 나델라(Satya Nadella)는 뇌성마비 장애를 갖고 있는 아들과 소통하기 위해 노력하다 보니 상대의 입장이나 시각으로 배려하게 되었다고 한다. 나도 그만큼은 아니어도 다른 사람의 이야기를 경청하고 배려하며 더불어 살아가고 싶다는 생각이다.

1미터짜리 사슬은 결코 행복의 사슬이 아니다. 반려견의 행복을 옥죄는 쇠사슬은 무조건 제거되어야 한다. 개 식용 종식이란 커다란 숙제가 완성되는 날, 나는 지체 없이 시골로 내려가 그 쇠사슬을 없애는 데 힘을 쏟으려 한다. 꼭 그날이 올 것이라 믿고 있으며, 늘 꿈꾸는 소망이다.

미셸은 내가 귀국한 지 2년 정도 지난 2017년 초부터 더는 아이스너 댁을 방문하지 않는다고 한다. 둥크는 여전히 거리를 활보하고 있다. 2019년 2월, 설 연휴 마지막 날에 나는 해피와 함께 동네 카페에 앉아 이 글을 마무리 짓고 있다.

이유 있는 생명

1판 1쇄 발행 2019년 5월 20일
1판 2쇄 발행 2019년 5월 24일

지은이 김은수

발행처 새녘출판사
발행인 권희준
출판등록 2011년 10월 19일(제 2012-000093호)
주소 경기도 파주시 미래로 562
전화 02-323-3630 팩스 02-6442-3634
이메일 books@saenyok.com

편집 차은선
디자인 씨오디
인쇄 제본 스크린그래픽

ISBN 978-89-98153-43-4 03810

- 이 도서의 국립중앙도서관 출판예정도서목록(CIP)은 서지정보유통지원시스템 홈페이지(http://seoji.nl.go.kr)와 국가자료종합목록시스템(http://www.nl.go.kr/kolisnet)에서 이용하실 수 있습니다. (CIP제어번호 : CIP2019016569)
- 이 책의 저작권은 저자에게 있으며, 저자와 출판사의 허락 없이 내용의 일부를 인용, 발췌하는 것을 금합니다.
- 책값은 뒤표지에 있습니다. 잘못된 책은 구입하신 곳에서 바꾸어 드립니다.
- 이 책의 인세는 유기 동물 구조 및 생명 유지를 위해 쓰입니다.